Decidi viver como eu mesma

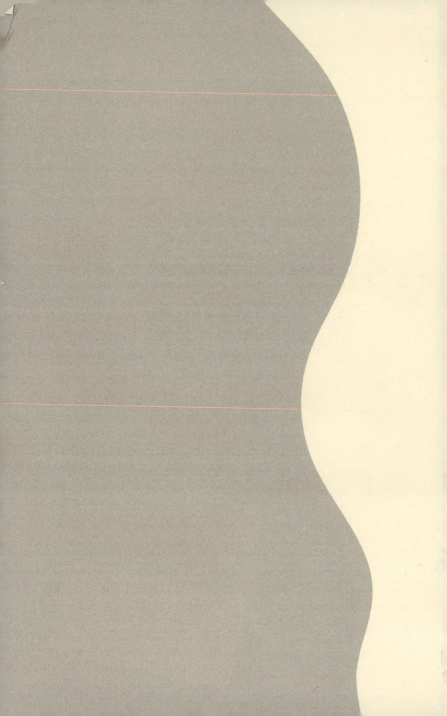

Decidi viver como eu mesma

Um guia ilustrado para parar
de se comparar com os outros
e aprender a se amar

KIM SUHYUN

Tradução
Luara França

Copyright © 2022 by Kim Suhyun

O selo Fontanar foi licenciado pela Editora Schwarcz S.A.

Grafia atualizada segundo o Acordo Ortográfico da Língua Portuguesa de 1990, que entrou em vigor no Brasil em 2009.

TÍTULO ORIGINAL 나는 나로 살기로 했다

PROJETO GRÁFICO DE CAPA E MIOLO Nerylsa Dijol

ILUSTRAÇÕES Kim Suhyun

PREPARAÇÃO Juliana Boas

REVISÃO Angela das Neves e Gabriele Fernandes

Dados Internacionais de Catalogação na Publicação (CIP)
(Câmara Brasileira do Livro, SP, Brasil)

Suhyun, Kim
  Decidi viver como eu mesma : Um guia ilustrado para parar de se comparar com os outros e aprender a se amar / Kim Suhyun ; tradução Luara França. — 1ª ed. — São Paulo : Fontanar, 2025.

  Título original : 나는 나로 살기로 했다
  ISBN 978-65-84954-71-7

  1. Autoajuda 2. Autoconhecimento (Psicologia) 3. Desenvolvimento pessoal 4. Resiliência I. Título.

25-259850   CDD-158.1

Índice para catálogo sistemático:
1. Autoajuda : Psicologia 158.1

Aline Graziele Benitez – Bibliotecária – CRB-1/3129

Todos os direitos desta edição reservados à
EDITORA SCHWARCZ S.A.
Rua Bandeira Paulista, 702, cj. 32
04532-002 — São Paulo — SP
Telefone: (11) 3707-3500
facebook.com/Fontanar.br
instagram.com/editorafontanar

O tempo passa e tudo muda,
mas você sempre será você mesmo.

SUMÁRIO 🌲🌲

Prefácio • x   *Introdução* • xii

PARTE 1

GUIA PARA UMA VIDA QUE RESPEITA QUEM VOCÊ É

- ❏ Não seja gentil com quem não age assim com você • 3
- ❏ Não se esforce para se sentir infeliz • 7
- ❏ Não se machuque por causa de pessoas que estão na sua vida só de passagem • 11
- ❏ Apague os números da sua vida • 13
- ❏ Não se deixe afetar pelo que os outros dizem • 17
- ❏ Não viva uma vida cheia de desaforos • 21
- ❏ Não invente desculpas para si mesmo • 25
- ❏ Lembre-se de que a vida de ninguém é perfeita • 29
- ❏ Contente-se com ser comum • 33
- ❏ Não deixe que ninguém julgue você • 37
- ❏ Não seja modesto a ponto de afetar a sua autoestima • 39
- ❏ Defenda o seu direito de ser respeitado • 43

PARTE 2

GUIA PARA VIVER COMO VOCÊ MESMO

- ☐ Saiba o seu valor • 51
- ☐ Vá em busca da sua própria vida • 55
- ☐ Não se demore pensando no que faz você feliz • 59
- ☐ Duvide do que parece óbvio • 61
- ☐ Não viva para agradar os outros • 65
- ☐ Não seja ninguém além de você mesmo • 69
- ☐ Não aceite o senso comum • 73
- ☐ Desenvolva seu estilo pessoal • 77
- ☐ Tenha o seu próprio gosto • 79
- ☐ Confronte o seu verdadeiro eu • 81
- ☐ Descubra onde você pode brilhar mais • 85
- ☐ Não importa quão bom possa parecer, tome sua própria decisão • 89

PARTE 3

GUIA PARA NÃO SER ENGOLIDO PELA ANSIEDADE

- ☐ Aguente a incerteza que é a vida • 95
- ☐ Não pense que você é a única pessoa com problemas • 99
- ☐ Não siga um roteiro aleatório • 103
- ☐ Encontre uma solução real • 105
- ☐ Procure não ser sensível demais • 109
- ☐ Fique triste apenas o suficiente • 111
- ☐ Quando as coisas estiverem difíceis, diga que estão difíceis • 115
- ☐ Tire um tempo para processar os acontecimentos • 117
- ☐ Não faça algo só porque está ansioso • 121
- ☐ Aprenda a seguir em frente mesmo quando houver um problema • 123

PARTE 4

GUIA PARA VIVER EM SOCIEDADE

- ☐ Tenha ao menos um nível básico de respeito pelo outro • 129
- ☐ Não se esforce demais para ser compreendido por todos • 131
- ☐ Respeite os limites dos outros e os seus próprios • 133
- ☐ Seja um individualista generoso • 135
- ☐ Pare de ver a vida como um jogo de ganhar ou perder • 139
- ☐ Não seja uma pessoa simpática apenas para evitar desagradar • 143
- ☐ Não sinta vergonha por coisas sem motivo • 145
- ☐ Você não precisa se dar bem com todo mundo • 147
- ☐ Aprenda a diferenciar uma coisa usada de uma coisa arruinada • 151
- ☐ Faça o seu melhor pelos seus relacionamentos atuais • 153
- ☐ Vá com tudo quando tiver o sinal verde • 157
- ☐ Expresse seus sentimentos • 159
- ☐ Encontre companhia • 163

PARTE 5

GUIA PARA UM MUNDO MELHOR

- ☐ Não se ponha para baixo • 171
- ☐ Quando precisar, aguente firme • 175
- ☐ Mudanças reais levam tempo • 179
- ☐ De vez em quando, fique neutro • 181
- ☐ Crie possibilidades para a esperança • 185
- ☐ Seja generoso • 189
- ☐ Não participe de jogos vorazes • 193
- ☐ Não se torne uma pessoa fraca • 197
- ☐ Pergunte-se o que significa ser humano • 201
- ☐ Torne-se uma alma perdida • 205

PARTE 6

GUIA PARA UMA VIDA BOA E COM PROPÓSITO

- ☐ Não faça da felicidade seu objetivo de vida • 211
- ☐ Viva com leveza • 215
- ☐ Adicione variedade • 219
- ☐ Tente não se tornar um casca-grossa • 221
- ☐ A única coisa que você pode controlar é sua própria felicidade • 225
- ☐ Pense no que você conquistou • 227
- ☐ Diga adeus ao passado • 229
- ☐ Deixe espaço para o erro • 233
- ☐ Aceite quem você é • 235
- ☐ Se interesse por sua própria felicidade • 239
- ☐ Ame o imperfeito • 243
- ☐ Pergunte-se como você gostaria de viver • 245
- ☐ Viva como um adulto • 249

Posfácio • 250   *Agradecimentos* • 252

PREFÁCIO

A primeira publicação de *Decidi viver como eu mesma* na Coreia do Sul foi há alguns anos, e até hoje uma das perguntas que mais recebo é: "O que fez você escrever este livro?". Bem, eu já tinha uma espécie de guia preestabelecido para a vida: entrar na faculdade, arrumar um emprego, me casar, comprar um apartamento, ter filhos e me tornar uma adulta de bom gosto com uma vida confortável. Em outras palavras, viver como todas as outras pessoas, ou como se todo mundo estivesse assistindo a minha vida.

Mas, por estranho que pareça (por razões que agora compreendo muitíssimo bem), isso nunca se concretizou. Sem ser capaz de alcançar os primeiros objetivos, não podia passar para os seguintes. O simples fato de não conseguir completar a lista me fez sentir muita vergonha de mim mesma.

O que é que eu tinha feito de errado? Devia ter ouvido mais o mundo, ter me concentrado mais, ter me forçado a trabalhar mais? Ou deveria ter sido um tipo de pessoa completamente diferente?

Mas enquanto continuava a me questionar, de repente me ocorreu: *E se não for isso?*

No momento em que pensei "E se a culpa não for minha?", me dei conta de que o problema é a nossa sociedade. No momento em que pensei "E se a minha vida ideal não for a única possibilidade?", comecei a procurar outras respostas. No momento em que pensei "E se a maioria estiver errada?", ganhei a coragem necessária para viver como escritora.

Este livro começou com a ideia de *E se não for isso?* e com todas as perguntas e respostas que vieram depois.

A partir de então, obtive muitas respostas e encontrei a força necessária para me livrar das mentiras que cercavam a minha vida e me aceitar como sou. Foi uma experiência tão libertadora que quis dividir com outras pessoas.

Ainda assim, espero que este livro não faça você se sentir como se eu estivesse tentando forçar algo na sua vida. Só peço que você questione as coisas, como eu fiz, e se distancie das convenções sociais em busca das suas próprias respostas.

Nos dias em que trabalhei neste livro, voltava andando para casa com uma sensação de leveza tão revigorante que ainda penso nela de tempos em tempos.

Espero que este livro ajude você a alcançar esse sentimento. Estou torcendo por você e pela sua jornada. Boa sorte. Continue vivendo bem.

Kim Suhyun

INTRODUÇÃO

Olhando para trás, me dei conta de que sempre fui em busca do "porquê". Toda vez que meus professores me pediam algo, eu queria saber: "Por quê?". Eles achavam que eu estava sendo implicante, mas eu tinha uma curiosidade genuína. Não conseguia evitar fazer perguntas e procurar respostas.

Então me tornei adulta e comecei a me sentir pequena e patética. Uma sombra de quem eu deveria ser, sem ter conquistado nada relevante ou que realmente pudesse chamar de meu. Como raios fui acabar desse jeito?

Eu me perguntava onde tinha falhado. Escolhi a faculdade errada? Deveria ter estudado mais? Ou ter continuado em um determinado emprego em vez de pedir demissão? Não importa o quanto eu pensasse, não conseguia identificar onde as coisas tinham desandado.

Posso ter cometido alguns deslizes e ficado sem rumo, mas isso não faz parte do processo de crescimento? Assim como sempre quis saber o porquê quando era estudante, queria saber por que me sentia desse jeito apesar de não ter feito nada de errado.

Recorri aos livros não porque ler fosse um dos meus passatempos, mas porque eu queria respostas. Por que me sentia tão insignificante? Por que eu não era o suficiente? Por que eu era um grande nada?

No fim das contas, cheguei à conclusão de que mesmo que o mundo não me valorize preciso ter autoestima para viver confiante sendo quem eu sou de verdade. Este livro se confronta com os motivos pelos quais eu me sentia mal e minhas reações a todas as situações que me deixavam assim.

Ao longo da minha carreira, minhas palavras podem ter ajudado alguns leitores, mesmo que por um breve momento. Mas o que eu realmente queria escrever era uma fonte de cura e apoio que ficasse com eles por mais tempo.

Quero dizer para vocês que, assim como eu, continuam se culpando quando não têm culpa: não façam isso.

Está tudo bem. É bom viver como você mesmo.

Decidi viver como eu mesma

OBJETIVO

Que uma pessoa comum deixe de lado
o que ela não é, escute o julgamento
dos outros e ainda assim viva
exatamente como é.

PARTE 1

Guia para uma vida que respeita quem você é

Medicina, direito, administração, engenharia – são atividades nobres, necessárias à vida. Mas a poesia, a beleza, o romance e o amor são as coisas pelas quais vale a pena viver.

Sociedade dos poetas mortos

☑ NÃO SEJA GENTIL COM QUEM NÃO AGE ASSIM COM VOCÊ

Assim que terminei a faculdade, fiz um estágio. A minha chefe me tratava como... uma serviçal? Ela basicamente fazia bullying comigo. Me pedia para mover o monitor, que estava na frente dela, cinco centímetros para o lado e reclamava por qualquer errinho. Foi meu primeiro trabalho no mundo corporativo, e como havia possibilidade de uma efetivação eu estava muito dividida entre insistir ou ir embora. Todos os meus dias naquele lugar me lembravam que o *Homo estagiarius* era a base da cadeia alimentar.

Muitos anos depois de terminar aquele estágio, estava deitada na cama quando de repente fui tomada pela raiva ao lembrar daquela situação.

O problema não era tanto a forma como minha chefe agia, mas o fato de eu ter suportado aquilo. Não era como se ela fosse a todo-poderosa ali, mas em nenhum momento eu me defendi e isso só a encorajou a ter atitudes ainda piores.

Não é a mesma coisa, mas dizem que as pessoas que foram torturadas por seu envolvimento com o movimento democrático sul-coreano sofrem mais não pela dor física que enfrentaram, mas pelas vergonhosas tentativas de mitigar seus torturadores.

Pode não ser culpa sua, mas o golpe fatal em nossa dignidade não é o que sofremos, mas quão humilhantemente respondemos à situação.

Não se preocupe em ser educado com quem não te trata bem, ou com aqueles que não te respeitam. Mesmo em situações degradantes, você pode, pelo menos, preservar um pouco da sua dignidade.

MESMO QUE NÃO POSSAMOS MUDAR A SITUAÇÃO, DEVEMOS NOS ESFORÇAR PARA PRESERVAR NOSSA DIGNIDADE.

O que fortalece quem pratica bullying não é a posição de quem ocupa, mas a submissão de quem sofre.

☑ NÃO SE ESFORCE PARA SE SENTIR INFELIZ

Quando entrei no mundo do Instagram pela primeira vez, meu feed me mostrou aleatoriamente uma mulher com seios tão fartos que praticamente cobriam todo o seu torso. As postagens dela eram absolutamente luxuosas. Ela era linda, magra, tinha roupas caras e estava sempre viajando. Mas o que mais me surpreendeu não foi aquele estilo de vida, mas a quantidade de seguidores que ela tinha.

Por que tantas pessoas estavam obcecadas por ela? Ao passar por aquelas fotos, me senti triste pelo kimbab sem gosto que tinha comido de manhã na loja de conveniência, e também pela bolsa fofinha de lantejoulas que eu tinha "arrematado" por apenas 8900 wons.

As redes sociais tornaram muito mais fácil bisbilhotar os outros e suas vidas perfeitas.

Mas esse tipo de voyerismo é mesmo gratuito? No livro *Shake It Off! Build Emotional Strength for Daily Happiness*, Rafael Santandreu argumenta que tomar conta da vida alheia e se comparar aos outros é o caminho mais fácil para começar a se sentir infeliz.

É bem possível que a gente olhe o perfil de alguém nas redes sociais apenas por curiosidade, mas o fato é que pagamos o preço em sentimentos negativos.

Não há nada a ser ganho nisso. Sua energia e sua curiosidade serão muito mais aproveitadas cuidando de você mesmo.

Por isso, seja amigo de alguém, e não a audiência de uma pessoa.

Comparadas ao resumo superficial da vida alheia em fotos, suas próprias experiências são muito mais preciosas.

NÃO SE ESFORCE PARA SE SENTIR INFELIZ.

NÃO SE MACHUQUE POR CAUSA DE PESSOAS QUE ESTÃO NA SUA VIDA SÓ DE PASSAGEM

Conforme fui ficando mais velha, pude começar a perceber que é difícil arrumar tempo para encontrar as pessoas, mesmo aquelas que você quer muito encontrar. Que dirá aquelas de quem você não gosta ou com quem não se dá bem — como minha colega de ensino médio, Eunkyung, ou o sr. Park, do financeiro. No fim das contas, são apenas pessoas passando pela sua vida.

Mas ainda assim, ficamos chateados quando alguém diz que não pode nos ver porque está muito ocupado com o trabalho ou faz uma crítica pessoal e, tentando mascarar sua real intenção, diz que está falando de forma construtiva.

Não são apenas coisas como gastar o dobro do seu salário em uma bolsa de luxo ou ficar obcecada pelo estilo de vida de uma celebridade que são perda de tempo. Sacrificar sua energia mental com gente que está na sua vida só de passagem também é um desperdício.

Não gaste sua energia com aquele chefe de quem você nem vai se lembrar depois de pedir demissão, ou com um parente que vê só de vez em quando, ou com algum fofoqueiro corporativo que te ofende com sorrisos, ou mesmo com um colega que está claramente armando pra cima de você, ou com qualquer outra pessoa que não signifique nada na sua vida.

11

^^^^^^^^^^^^^^^^^^^^^^^^^^^

**POR MAIS IRRITANTES, EXASPERADORAS
E ODIOSAS QUE ALGUMAS PESSOAS SEJAM,
NO FIM DAS CONTAS, ELAS ESTÃO SÓ DE
PASSAGEM PELA SUA VIDA.**

^^^^^^^^^^^^^^^^^^^^^^^^^^^

APAGUE OS NÚMEROS DA SUA VIDA

Estas informações foram extraídas de um meme que classifica uma pessoa da classe média em diferentes lugares do mundo:

INGLATERRA (DE ACORDO COM UM ESTUDO FEITO PELA UNIVERSIDADE DE OXFORD):

- Tem convicções e opiniões próprias;
- Não é desnecessariamente teimosa;
- Protege os mais fracos dos mais fortes;
- Prontamente luta contra injustiça, desigualdade e ilegalidade.

FRANÇA (DE ACORDO COM OS PADRÕES DE "QUALIDADE DE VIDA" DO PRESIDENTE POMPIDOU):

- Fala pelo menos um idioma estrangeiro e consegue entender o mundo;
- Sabe cozinhar pelo menos um prato bem o bastante para oferecer a outras pessoas;
- Faz trabalho voluntário;
- Chama a atenção de crianças alheias da mesma forma que faz com as suas.

Coreia (de acordo com uma pesquisa feita por um site de empregos):

○ Consegue pagar um apartamento de três quartos sem pedir um empréstimo;

○ Tem uma renda mensal de pelo menos 5 milhões de wons;

○ Tem um carro sedan médio ou superior;

○ Tem pelo menos 100 milhões de wons guardados;

○ Viaja para o exterior várias vezes ao ano.

O que o padrão coreano tem que os outros não?

Números.

Um dia, quando estava na internet, deparei com um anúncio que oferecia mostrar meu "score de casamento". Não era um site de previsões do futuro, como pensei, mas um site para apostas de casamento. Você preenchia sua idade, altura, peso, quanto dinheiro tinha guardado, qual era sua renda e outras informações para ser precificado como uma carne no açougue. Será que alguma outra IA poderia ser mais coreana?

Adoramos tanto colocar números em tudo que acabamos usando-os em nós mesmos.

Nessa vida regada a cálculos, ficamos obcecados em ter as cifras corretas no currículo, em decidir quem merece nosso tempo baseado no tamanho da casa onde mora, e mesmo em greves e protestos acabamos falando não sobre o problema real, mas sobre quanto aquilo nos custa. Quando só buscamos quantidade, o verdadeiro valor fica esquecido.

O problema dos números é a facilidade de comparação. Não é possível comparar um círculo a um triângulo, mas qualquer pessoa pode comparar

1 com 2. No final das contas, uma vida regida por esse pensamento acaba sendo uma vida de comparação com os outros.

Nesse jogo, ficamos ansiosos por não estar à altura, então checamos nossa posição no ranking constantemente. Mas todas as coisas da vida podem mesmo ser mensuradas por números?

Um teste de QI não é um verdadeiro indicador de sabedoria, a quantidade de amigos que temos não diz nada sobre a profundidade desses relacionamentos, o número de quartos na casa de alguém não reflete a felicidade daquela família e a renda anual de uma pessoa não representa sua integridade.

O valor verdadeiro não pode ser medido em números. Se você quer ser você mesmo em vez de apenas alguém que é "superior" aos outros, precisa eliminar os números da sua vida.

O QUE IMPORTA DE VERDADE NA VIDA NÃO PODE SER MEDIDO EM NÚMEROS.

Quem é você sem esses números?

☑️ NÃO SE DEIXE AFETAR PELO QUE OS OUTROS DIZEM

Jungmi, leitora e amiga nas redes sociais, é uma pessoa amável e calorosa. Tem um namorado carinhoso, sobre o qual posta com frequência, e o amor deles reacendeu minha fé nos relacionamentos. Mas então algum estranho comentou em um post: "Pare de postar tanta coisa fofa", já que existiam pessoas que não tinham a mesma sorte de Jungmi.

É claro que tem gente que exagera nas publicações, mas garanto que não era o caso dela. O comentário a fez duvidar de si mesma. Acontece que a culpa era do comentarista, que não havia lidado com suas próprias questões.

Sempre haverá pessoas que nos interpretam mal e nos atacam com base nessas interpretações. Comentários que costumavam se restringir a seções específicas de alguns portais agora estão livres em todas as redes.

Um breve conselho para lidar com essas pessoas: antes de tudo, quando alguém criticar você, lembre-se de que é apenas uma opinião individual — e esse indivíduo não é o rei Salomão nem Freud.

Em segundo lugar, em vez de se sentir irritado ou triste, analise se existe alguma verdade naquele comentário. Se existir, encare esse momento como uma oportunidade de melhorar. Mas se for algo que brotou das inseguranças da outra pessoa, é como um latido de cachorro. E se o cachorro continuar a latir? Não fique só ouvindo, faça alguma coisa.

Um processo por calúnia? Não. Por perturbar a paz.

Mostre esta página para os haters da internet.
Observação: Eu sei quem você é, mas o que eu sou?

NÃO VIVA UMA VIDA CHEIA DE DESAFOROS

Recentemente, vi um post cheio de erros gramaticais. Logo as pessoas encheram a caixa de comentários com a palavra "geukhyeom", que é uma abreviação da expressão para "extremamente repugnante" em coreano. Não conseguia entender o que era tão detestável naquele post. Não é como se os erros fossem ofensas pessoais ao rei Sejong, inventor do alfabeto Hangul. Os erros daquela pessoa eram mesmo passíveis de tanta revolta?

Nós odiamos uns aos outros com facilidade demais.

Esse recente aumento do ódio é frequentemente atribuído ao colapso da classe média. Presume-se que aqueles que se sentem atacados vão atacar os outros na intenção de manter o próprio status. Mas isso não é tudo. O ódio é muito amplo e indiscriminado para vir apenas disso. Sou chamada de "vadia do kimchi" apenas por existir como uma mulher coreana, uma sanguessuga de empregos apenas por me casar e continuar trabalhando em vez de entregar meu emprego para algum homem, uma mãe-parasita por levar meu bebê a espaços públicos ou uma sabichona por tentar explicar algo.

Kim Chanho costuma dizer que as pessoas desprezam as outras para suprir o vazio que sentem por existir em um mundo onde ser bom nunca é o suficiente.

Essa hostilidade nasce de uma compulsão por se sentir superior, por compensar o senso de inferioridade e por validar a própria existência. Ou seja: uma coisa patética.

Haters são solidários uns com os outros, escondem as próprias falhas e fortalecem suas visões distorcidas do mundo. Aqueles que são alvo de seu ódio funcionam como um espelho para eles. Tudo acaba virando um concurso para saber quem tem mais ódio.

Mas no fim das contas existe alguma satisfação em saber quanto somos capazes de odiar? Isso só nos deixa mais nervosos e ansiosos.

^^^^^^^^^^^^^^^^^^^^^^^^^^^

EU REALMENTE ACREDITO QUE EM UM MUNDO ONDE AS PESSOAS SÓ ATACAM UMAS ÀS OUTRAS NINGUÉM PODE SER FELIZ.

^^^^^^^^^^^^^^^^^^^^^^^^^^^

✦

Se você não limpar a lente da sua câmera, o mundo sempre parecerá embaçado.

No elevador de uma loja de departamentos, um bebê que é carregado pela mãe começa a chorar. Assustada, a mãe diz ao bebê para parar com aquilo. Ela me olha e eu digo "Está tudo bem". O que eu queria dizer era "Não vou julgar você."

De verdade, está tudo bem.

Está tudo bem.

☑ NÃO INVENTE DESCULPAS PARA SI MESMO

Uma vez, ouvi falar sobre um homem que se formou em uma boa universidade, mas que, devido ao seu histórico de participação em movimentos estudantis, não conseguia um emprego. Ele odiava o capitalismo e se recusava a participar desse sistema injusto. Por fim, ele parou de procurar trabalho e sua mãe, que era empregada doméstica, o sustentava.

É claro que a lógica do homem não fazia sentido. Ele criticava o capitalismo por explorar os trabalhadores mas ele mesmo explorava o trabalho da mãe. Seus conhecidos sentiam pena da senhora e não entendiam por que ele nem sequer tentava arranjar trabalho. O que o transformara em um hipócrita?

Suspeito que ele tivesse grandes esperanças para si próprio depois de se formar em uma universidade tão prestigiada. Devia se sentir frustrado e sem esperanças ao enfrentar todo o preconceito que existia por ter sido do movimento. O fracasso em cumprir as expectativas da sociedade deve ter sido um golpe em sua autoestima.

Humilhação e o sentimento de não ter valor no mundo estão entre as situações mais difíceis de se lidar. Muitas pessoas que passam por isso se escondem atrás do cinismo e culpam os outros para se protegerem.

O problema é que as desculpas que arranjam não são suficientes para defendê-las. Elas não enganam ninguém, nem elas mesmas. Apesar da tentativa de esconder seu desamparo e sua vergonha, continuam a apodrecer por dentro.

Como muita gente já disse, o oposto do amor não é o ódio ou a raiva, mas sim a indiferença. Da mesma forma, o oposto de viver não é morrer ou envelhecer, é se iludir. A ilusão faz com que as pessoas neguem a realidade e vivam um faz de conta.

Aquele homem evitou a realidade por muito tempo. Talvez tenha pensado que era mais fácil agir como um mártir da resistência em vez de confrontar a própria vergonha. Talvez sentisse medo do mundo ao seu redor, ou do julgamento das outras pessoas.

Mas ele não deveria ter desperdiçado a vida pensando no que poderia ter sido. Mesmo que o ressentimento fosse justificado, deveria ter tomado as rédeas da situação e agir.

Deveria se sentir orgulhoso por seus dias na faculdade, quando tentou fazer do mundo um lugar melhor, e aceitar que algumas coisas não se concretizaram. Ele deveria sentir vergonha por não ter feito nada além de inventar desculpas, e não por não ter alcançado o sucesso.

Mesmo que aquele não fosse o futuro esperado, e mesmo que se sentisse envergonhado, ele deveria parar de inventar desculpas e confrontar seu eu verdadeiro.

∧∧∧∧∧∧∧∧∧∧∧∧∧∧∧∧∧∧∧∧∧∧∧∧

A COISA MAIS IMPORTANTE É QUE DEPOIS DE SE CONFRONTAR VOCÊ TERÁ UM NOVO COMEÇO.

∧∧∧∧∧∧∧∧∧∧∧∧∧∧∧∧∧∧∧∧∧∧∧∧

"Sou tão patético." "Não, isso não é minha culpa."
Ataque interno   Ataque externo

O mais importante é se livrar do ressentimento.

✅ LEMBRE-SE DE QUE A VIDA DE NINGUÉM É PERFEITA

No nono ano, um garoto me disse:

— A sua vida parece fácil.

Acredito que ele tenha pensado isso por causa da minha aparência alegre e tranquila. Só que lá no fundo eu lidava com muita angústia da adolescência e vivia brigando com os meus pais. Além disso, eu tinha inveja de uma colega, bonita e popular, que parecia ter uma vida absolutamente perfeita. Anos depois, essa mesma colega me disse que o nono ano foi o mais difícil da sua vida. Era fascinante: tanto o garoto quanto eu tínhamos julgado alguém erroneamente. Acreditamos que a vida do outro era perfeita simplesmente porque ele parecia ter o que nos faltava.

Quão bem podemos conhecer uma pessoa? No último episódio de *Age of Youth* (escrito por Park Yeon-seon), fofocas invejosas cercam Jin-myung quando ela vai para a China por um mês: "Queria que fosse eu", "Queria ter nascido rica". Mas a verdade é que Jin-myung passara seis anos esperando que seu irmão (que estava em coma) falecesse antes de poder juntar as parcas economias que ainda possuía e viajar para o exterior.

Julgamos uma pessoa pelo que ela aparenta, mas o que vemos é apenas a ponta do iceberg, assim como os outros só veem uma pequena parcela que nós mostramos. Isso é ainda mais verdade quando falamos de desafios pessoais, que todos têm, mas quase ninguém vê.

Lembre-se sempre de que a vida de ninguém é perfeita. Às vezes, só esse lembrete já é um bom consolo.

✦

Ao me ver no computador, uma colega me mandou a seguinte mensagem: *Você sempre trabalha tanto, é uma inspiração para mim.* Eu só estava rastreando uma encomenda.

A perspectiva da dor

Minha própria dor parece maior do que a dos outros.

☑ CONTENTE-SE COM SER COMUM

Sempre que andava de carro quando criança, eu pensava que o Sol me seguia. Também acreditava que viraria uma super-heroína, como a Sailor Moon, quando crescesse. Se eu continuasse a pensar dessa forma quando adulta, provavelmente seria diagnosticada como maluca. Ainda assim, passei um tempo presumindo que mesmo que não me tornasse uma super-heroína salvadora do mundo pelo menos seria uma pessoa especial.

Mas acabei crescendo e me tornando uma pessoa comum. Minha realidade não é nada luxuosa, e muitas coisas me deixam triste. Não posso comprar tudo o que quero — nem de longe. E todos os dias são parecidos, seguindo esse caminho estreito que é a vida.

O momento em que você percebe que se transformou em um adulto comum — em outras palavras, quando deixa os sonhos da infância de lado — é o momento exato em que começa a sua fase de jovem adulto.

Pode ser um período triste e amargo, mas talvez seja o dever de todo adulto deixar para trás as fantasias da infância e criar uma vida mais realista. Pode ser que eu nunca me transforme na Sailor Moon, nunca salve o mundo, nunca almoce com Warren Buffett nem me torne professora na Sorbonne.

E pode ser que meus antigos colegas de escola nunca sintam inveja quando pensarem em mim, e meus parentes nunca encham a boca para falar de mim como a pessoa que fez o nome da família.

Mas existem livros que eu quero escrever e coisas que quero aprender. Tenho vontade de passar mais tempo com a minha família, aprender a nadar e passar horas no mar, além de conhecer pessoas novas de diferentes lugares que possam expandir meus horizontes.

Existem muitas limitações e poucas garantias — além da morte e dos impostos, claro —, mas mesmo uma vida comum não existe sem esperança.

Sua fase de jovem adulto terminará assim que você aceitar a natureza comum da sua própria vida, encontrando o que existe de bom nela.

^^^^^^^^^^^^^^^^^^^^^^^^^^^

APENAS QUANDO ALCANÇAMOS A

ACEITAÇÃO NOS TORNAMOS ADULTOS.

^^^^^^^^^^^^^^^^^^^^^^^^^^^

*Ser especial não é ser superior,
é ser você mesmo.*

✅ NÃO DEIXE QUE NINGUÉM JULGUE VOCÊ

Uma amiga minha foi a um encontro às cegas no qual perguntaram se ela gostava de golfe ou de andar a cavalo. Não era uma curiosidade sobre os interesses dela, mas sim sobre sua classe social.

Investigar as finanças de outra pessoa nem sempre é uma coisa ruim — e posso dizer que não sou tão ingênua a esse respeito. Mas existe uma diferença entre buscar informações e esfregar uma calculadora na cara do outro, reduzindo o valor dele a números.

Essa amiga também me contou sobre um sujeito que começou a ignorar suas mensagens depois de descobrir onde ela morava, e outro que passou o encontro inteiro tentando saber qual era a profissão dos pais dela. Esses caras fizeram a minha amiga se sentir em um teste, o que a deixou ansiosa com o fato de ser julgada. Mas, por outro lado, ela precisava se preocupar com o que eles pensavam?

Eu mesma não me importo com quanto dinheiro uma pessoa tem. E considero gente assim pretensiosa e nada atraente. Definitivamente não é o meu tipo.

Posso não ser o perfil deles, mas eles também não são o meu.

Quero alguém parecido comigo: ou seja, também posso fazer meu julgamento. Então quem se importa se alguém quer medir meu valor financeiro?

Que piada. Eu rejeito todos vocês, seus rejeitados.

QUEM SE IMPORTA?
Não perguntei nem quero saber.

☑ NÃO SEJA MODESTO A PONTO DE AFETAR A SUA AUTOESTIMA

Depois que publiquei meu primeiro livro, meus amigos me chamavam de Autora Kim, mas eu encarava isso como uma provocação porque não me considerava uma escritora de verdade. Ainda que a definição de autor seja alguém que escreve, essa palavra sempre pareceu estranha quando associada a mim.

Então me contaram a história de uma turista que conheceu um barman em algum pub europeu. Quando ele se apresentou como poeta, a turista perguntou: "Você já publicou algum livro?". E ele respondeu: "Ainda não. Sou poeta porque escrevo poemas".

Como posso me sentir tão insegura em me afirmar autora mesmo depois de ter publicado vários livros enquanto uma pessoa que nunca publicou nenhum se chama de poeta com tanta facilidade? Deixando as diferenças de personalidade de lado, também existem diferenças culturais. No Ocidente, onde a individualidade e a liberdade são encorajadas, as crianças aprendem a pensar em si mesmas como especiais.

Na Coreia, valorizamos uma sociedade harmônica acima da personalidade individual, e é por isso que, ao entrarmos no ensino fundamental, começamos a estudar uma matéria chamada Viver Bem — que ensina, basicamente, a conviver com os outros.

A educação que recebemos nos diz para não pensar que somos especiais e para não priorizar nossos próprios sentimentos. Em vez disso, aprendemos a nos rebaixar e dar mais importância aos outros.

Essa é a base cultural do "nunchi" coreano — a ideia de "sentir o ambiente" — e da nossa modéstia tão grande que quase chega à autodegradação.

Interiorizando esses valores desde cedo, é natural para nós usarmos o nunchi e a modéstia para fazer pouco-caso das nossas qualificações e evitar acusações de soberba. Estamos sempre questionando nosso valor como indivíduos. Claro, a modéstia e a consideração pelo outro são virtudes. Mas mesmo virtudes, quando excessivas, se tornam algo tóxico.

A verdadeira virtude é respeitar os outros, e não diminuir a si mesmo a ponto de se sentir mal. Se você se preocupa mais com o próximo do que com seus próprios sentimentos, não estamos mais falando de virtude. Não deixe que o nunchi corroa sua personalidade e não seja modesto a ponto de acabar com a sua autoestima.

^^^^^^^^^^^^^^^^^^^^^^^^^^^^

A PESSOA QUE VOCÊ MAIS DEVE RESPEITAR

É SEMPRE VOCÊ MESMO.

^^^^^^^^^^^^^^^^^^^^^^^^^^^^

✦

Você precisa de um pouco de ego e uma pitada de "Dane-se, é do meu jeito e pronto!".

☑ DEFENDA O SEU DIREITO DE SER RESPEITADO

Li em um post de uma rede social sobre o cliente de um restaurante que apontou a garçonete e disse para a filha: "Se você não estudar, vai acabar como ela". A moça ficou impressionada com aquela grosseria gratuita. Estava trabalhando ali apenas para adquirir experiência, falou, e era aluna de uma universidade renomada. Em seguida, alguns clientes chineses se sentaram e ela, que estudou na China, os atendeu em um mandarim fluente. O cliente que tinha apontado para ela ficou perplexo.

A maioria dos comentários eram críticos ao cliente. Mas qual a diferença entre o cliente e a garçonete? Ela se esforçou para mostrar que não era uma "qualquer" e que só estava buscando uma experiência nova. Ficou furiosa, insistindo que não merecia ser tratada daquela forma, "como uma atendente". Sinal de que se considerava superior àqueles que "não estudavam".

Vejo a internet cheia de memes motivacionais do tipo "Você quer se divertir na faculdade ou trabalhar em uma fábrica?" e "Quem tem boas notas, pede frango; quem tem notas baixas, frita o frango; quem não estuda, entrega". Essa mentalidade reduz o trabalho como entregador ou operário a uma punição por uma preguiça presumida, fazendo com que um emprego honesto seja visto como degradante. Memes assim mostram o quanto a discriminação de classe está entranhada nas nossas mentes.

As raízes dessa discriminação são profundas, e vêm de hierarquias antigas em que os governantes tinham um status superior e os governados eram desvalorizados. Ainda que hoje todos precisemos contar com os frutos do trabalho, essa dinâmica perdura até a sociedade capitalista moderna, dificultando a diminuição da diferença salarial entre profissões e perpetuando antigos preconceitos.

Mas como exatamente esse problema se manifesta?

I.

Isso vai muito além da simples violação do direito básico à igualdade. As crianças que são constantemente lembradas do que acontece se não estudarem serão condicionadas a enxergar como modelos legítimos apenas os empresários bem-sucedidos dos programas de TV.

E muitos trabalhadores braçais enfrentam, de fato, discriminação e assédio no trabalho.

Como aqueles que cresceram à espera de uma vida de K-drama mas se encontram em funções que foram condicionados a menosprezar serão felizes?

Os delírios de grandeza e a discriminação sistêmica se instalam sob a forma de vergonha da própria vulgaridade. É inaceitável que sejam como *aquelas pessoas*. É daí que nasce o ódio a si mesmo.

2.

A discriminação aos trabalhadores assume diferentes formas. Quem tem horror aos ofícios manuais perde a oportunidade de experimentar a alegria do aprendizado e o respeito pelo trabalho honesto. Essa pessoa estuda apenas porque está ansiosa e tem medo; é o tipo de gente que tem frases motivacionais coladas na parede. Só que quando a única motivação é a ansiedade ou o medo, nada pode vencer o cansaço que vem junto. A pressão nociva que os pais exercem sobre os filhos se manifesta no interior da criança como ansiedade crônica e exaustão.

3.

Vamos imaginar que você chegou ao lugar onde sempre quis estar. Parece suficiente? A realização baseada em preconceitos só gera arrogância. Ter uma autoestima elevada sem força interior de verdade é como estar no terraço de um arranha-céu sem guarda-corpo: tudo o que se pode sentir é o medo constante de cair. E quanto maior for o ego de uma pessoa, mais difícil será a queda. Li em um artigo que ao enfrentar adversidades, devemos procurar uma aterrissagem suave, uma forma melhor de cair. Mas os coreanos se recusam a descer e, quando são obrigados a isso, enfrentam um terrível ajuste de contas no fundo do poço.

A vida sempre terá altos e baixos, mas para aqueles que têm preconceitos internalizados e desprezo por si mesmos, cada período de baixa se transforma numa queda trágica. A discriminação envergonha quem a sofre e gera ansiedade em quem a pratica, sem trazer benefício a ninguém.

Se você está constantemente recarregando as baterias da sua ansiedade, ou se sente vergonha por ter uma vida diferente daquela com que sonhou, diga a si mesmo a verdade: há diferentes formas de viver, e nenhuma está errada.

Viva e aprenda quanto e como quiser. Mas lembre-se: ninguém tem o direito de insultar outra pessoa pela forma como vive.

TODO MUNDO TEM O DIREITO DE SER RESPEITADO, NÃO IMPORTA COMO VIVA.

Ameaças só deixam seus filhos mais ansiosos.

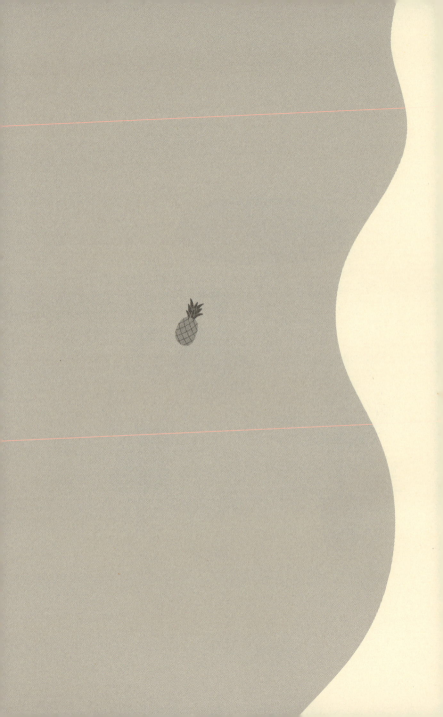

PARTE 2

Guia para viver como você mesmo

> É melhor ser odiado pelo que você é
> do que ser amado pelo que você não é.
>
> **KURT COBAIN**

☑ SAIBA O SEU VALOR

O filósofo Alain de Botton descreveu a vida adulta como ter que encontrar nosso lugar em um mundo governado por pessoas cínicas e superficiais. Na minha experiência, a vida não é um conto de fadas. Existe tanta crueldade que é inútil sentir raiva. E ainda que eu tente transcender meus desejos materialistas e supérfluos, minha força de vontade se esfarela como um biscoito.

É por isso que dizem que precisamos acreditar no nosso valor pessoal para poder ignorar o julgamento dos outros. Entendo isso na teoria, mas é difícil pôr em prática.

Sua autoestima é influenciada em grande parte pela sua criação. Ela pode se enfraquecer diante de abusos, provocações, negligências, críticas e falta de afeto.

Acontece que isso não significa que sua autoestima seja uma coisa definitiva. Ela pode mudar com o tempo. O psicoterapeuta Nathaniel Branden definiu os seis pilares da autoestima, que incluem autorresponsabilidade e autoaceitação. Autorresponsabilidade é a confiança na própria capacidade de lidar com os problemas da vida real, enquanto autoaceitação é a habilidade de reconhecer a si mesmo como uma pessoa digna de amor e respeito.

51

Mas será que vivemos em uma sociedade que nos permite ter essa autoestima? Mesmo que você tenha sido criado em um ambiente saudável, pode receber um "não" de todos os empregos aos quais se candidata — e mesmo que você consiga um trabalho como funcionário de uma enorme máquina corporativa, pode se sentir tão insignificante que qualquer conversa sobre autoestima parece ridícula.

Encorajar a si mesmo a se aceitar como é, em uma sociedade que vive disposta a nos classificar como melhores ou piores, muitas vezes parece autoengano. O mundo está se tornando um lugar cada vez mais hostil para a autoestima e o amor-próprio.

Como superar tais questões e conseguir um lugar em um mundo tão sórdido? Duas coisas precisam ser feitas.

Primeiro, respeito mútuo é fundamental. O respeito não deveria ser algo escasso. Ele não custa nada, não é? Se o respeito se tornar algo garantido a todos, não teremos que nos esforçar para consegui-lo. Vamos transformar o respeito em um bem comum. Vamos abastecer uns aos outros com ele. Vamos oferecê-lo igualitariamente e sem questionamentos, para nós mesmos e os outros, em vez de conceder um respeito seletivo que discrimina com base em hierarquia, profissão, renda e aparência.

O segundo ponto é cultivar uma verdadeira autoestima como indivíduo. Para isso, é necessário diferenciar a verdadeira autoestima da falsa e compreender o conceito de forma integral. Autoestima não é a arrogância que uma pessoa sente a partir de uma sensação de superioridade ou a satisfação efêmera por ser reconhecida.

A essência da autoestima é acreditar em si mesmo e se considerar digno de felicidade. Não é o tipo de coisa que se pode simplesmente desejar. É difícil acreditar em si próprio sem qualquer tipo de ação e fica impossível se você vive de forma contrária às suas crenças. A autoestima é a força interior que resulta do fato de acreditarmos em nós mesmos, de sermos nós mesmos e de vivermos em conformidade com as nossas próprias crenças, agindo de acordo e aceitando as responsabilidades resultantes.

Um documentário coreano chamado *A vida privada das crianças* mostra experiências que atestam o efeito dos pais na autoestima dos filhos. As crianças receberam um quebra-cabeça para montar, e aquelas cujos pais começaram logo a ajudar foram diagnosticadas com baixa autoestima, enquanto aquelas cujos pais esperaram que resolvessem sozinhas foram consideradas como tendo autoestima elevada. Acreditar em si mesmo e se respeitar, os principais componentes da autoestima, são desenvolvidos quando definimos nossos objetivos e resolvemos problemas com autonomia. Assim como a experiência do documentário nos mostra, o mais importante é poder se guiar.

Não ter consciência dos próprios desejos e se deixar influenciar pela opinião alheia nunca ajudará você a desenvolver a sua autoestima. O primeiro passo para uma autoestima saudável é claro: *viver como você é.*

Vamos descobrir o que isso realmente significa.

✦

Vamos, me siga.

Buscar sua autoestima nos outros significa perder o controle da própria vida.

☑ VÁ EM BUSCA DA SUA PRÓPRIA VIDA

Quando um homem em um filme diz "Isso não tem a sua cara", a mulher que contracena com ele responde "O que tem a minha cara?". É um ótimo argumento. Sei que preciso viver minha própria vida, mas o que isso significa? E por que é tão difícil descobrir?

O psicólogo James Marcia definiu quatro passos na adolescência para a autodescoberta: difusão, pré-fechamento, moratória e identidade estabelecida. Uma pesquisa com coreanos situa a maioria de nós (74,4%) no nível mais baixo, o pré-fechamento.

Aqueles em pré-fechamento são subservientes às normas sociais. Esse estado de identidade é considerado baixo pois os que o vivem não passam por crises.

Uma vida sem crises? Pode parecer maravilhoso, mas isso não significa não ser vítima de um e-mail com um link suspeito ou tomar chuva em uma segunda-feira na hora do rush. Isso significa uma falta de lutas internas sobre objetivos, valores e convicções.

Por que isso acontece? É uma consequência comum em uma cultura que desencoraja a exploração e o questionamento individual.

O confucionismo, que é a filosofia fundamental da Coreia, define o indivíduo de acordo com seu lugar na sociedade. A identidade de uma pessoa é determinada pelo papel que desempenha, e aprender qual é esse papel e como desempenhá-lo acaba prevalecendo sobre a introspecção e a curiosidade. Em outras palavras, uma bela vida significa se adequar a padrões sociais do que é uma bela vida.

Por isso, estamos mais habituados a corresponder às expectativas dos nossos pais do que a formar a nossa própria identidade. Muitos de nós não fazem a menor ideia de quem são, muito menos têm convicções reais ou uma filosofia de vida. O fator decisivo para a persistência desse problema é uma educação que se recusa a permitir a liberdade de pensamento.

Quando crianças, dizem que somos estúpidos demais para pensar por nós mesmos e nos obrigam a nos considerar inferiores. Ao verem as crianças dessa forma, muitos pais recusam-se a dar autonomia aos filhos e lhes negam o *processo* de se tornarem adultos. Essas crianças, privadas do *processo* de amadurecimento, acabam apenas com o *resultado* de serem adultos, e com isso tendem a ter medo de tomar decisões e procuram constantemente mentores e figuras parentais.

Acontece que figuras inspiradoras como Pomnyun Sunim e o dr. Oh Eun Young não vão salvar ninguém. Aprender a viver como você mesmo é aprender a julgar e a decidir por si próprio.

Tornar-se um trabalhador freelancer, por exemplo, não significa necessariamente que você vai viver como é, nem que terá um passatempo divertido. Viver como você mesmo significa compreender-se a si próprio e tomar todas as decisões da vida com base no seu verdadeiro eu.

Não importa se o mais sábio dos sábios se instala ao lado da sua casa — você nunca deve delegar decisões importantes a outra pessoa. As suas escolhas devem levar em conta a base de dados que é o seu passado, a sabedoria aprendida com os seus erros e a sua bússola interior.

QUANDO A CRISE DO AUTOENTENDIMENTO TIVER PASSADO, UMA VIDA NA QUAL VOCÊ ACREDITA E RESPEITA A SI MESMO PODE ENFIM COMEÇAR.

☑ NÃO SE DEMORE PENSANDO NO QUE FAZ VOCÊ FELIZ

Existe um comentário que ouço toda vez que dou palestras em universidades: "Não sei o que gosto de fazer". Respondo sempre com uma pergunta: "Já teve alguma coisa que você tenha feito porque gostava?". Quantas coisas você fez porque gostou de fazer e não porque queria poder dizer que as fez? Estudamos para entrar na universidade, depois trabalhamos duro para construir o nosso currículo. Não é de admirar que, depois de termos sido educados para reprimir os nossos desejos, não tenhamos ideia do que gostamos de fazer só por prazer?

Um programa de televisão sobre a identidade e a autoestima das crianças apresentava um garoto "simpático" que gostava de ajudar os outros. Quando os produtores perguntaram o que ele queria fazer, ele dizia: "Ajudar a mamãe" ou "Lavar o carro do papai". Quando perguntaram o que ele queria para *si próprio*, ele não conseguiu responder.

Quando vivemos apenas para atender às expectativas alheias e ignoramos nossas próprias vontades, perdemos a noção do que gostamos e do que realmente desejamos.

A sua verdadeira felicidade continuará a ser uma terra misteriosa.

Se isso não é o que quer, você precisa aprender a diferenciar o que precisa fazer e o que você gosta de fazer, para que consiga alcançar um senso de quem é.

∧∧∧∧∧∧∧∧∧∧∧∧∧∧∧∧∧∧∧∧∧∧∧∧∧

**AGORA É A HORA DE RESPONDER
ÀS PERGUNTAS QUE VOCÊ TEM DEIXADO PARA
MAIS TARDE. QUEM É VOCÊ E O QUE TE ANIMA?**

∧∧∧∧∧∧∧∧∧∧∧∧∧∧∧∧∧∧∧∧∧∧∧∧∧

☑ DUVIDE DO QUE PARECE ÓBVIO

Era uma vez um casal que morava em uma vila com seu filho pequeno e a mãe do marido. A esposa trabalhava na zona rural e certa vez, ao chegar em casa, viu que a sogra, já senil, tinha feito canja para o almoço. Agradecida, abriu a panela e não encontrou uma galinha, mas sim o filho. A idosa tinha cozinhado o bebê em vez de uma ave. A mulher se acalmou, matou uma galinha para servir a sogra e enterrou calmamente o filho. Parece uma coisa saída de um drama policial, mas esta história se tornou a base do ideal de piedade filial durante a dinastia Joseon.

Por que esse infanticídio horrível é narrado como se fosse uma história enobrecedora da alma de uma nora dedicada?

Na época, as emoções das pessoas eram tão reprimidas que até esse exemplo extremo de piedade era considerado uma virtude. Não importava quão irritante ou doloroso, nenhum sacrifício era grande demais em nome da "harmonia".

Pense em como a diligência é considerada uma virtude. Faça chuva ou faça sol, na saúde e na doença, você precisa ir à escola para se formar, e o lema "TRABALHO ÁRDUO" ficava pendurado em cima da lousa. Tínhamos esse lema porque a Coreia estava no seu apogeu industrial e o trabalho fabril exige diligência e firmeza mais do que criatividade ou individualidade.

61

Em um mundo assim, uma criança pode acabar numa panela enquanto a mãe é celebrada como uma filha exemplar em vez de ser presa por negligência. Uma criança que vai para a escola mesmo fervendo de febre é apontada como um aluno exemplar. Os costumes dessa sociedade transformam as histórias de terror em discursos inspiradores e a violência em honra.

Continuamos a viver como se as normas sociais fossem verdades universais. No entanto, o que é essencial para sustentar a nossa vida não são essas normas, mas as nossas próprias convicções. Então o que podemos fazer em relação a isso?

Uma amiga que foi para os Estados Unidos estudar economia me disse que lá existia uma coisa chamada *Unlearning Class*, ou aula de desaprender: uma espécie de treinamento intensivo em que o cérebro "desaprende" toda a teoria econômica obsoleta ensinada quando eram estudantes universitários.

Quando aprendemos sobre os pensadores mais famosos do mundo, procuramos erros nas suas teorias — é assim que o conhecimento avança. Precisamos questionar o que nos ensinaram que era verdade e descobrir se essas crenças são aquilo em que realmente acreditamos ou o que alguém nos disse para acreditar. Só quando confrontamos fatos em que acreditamos durante toda a nossa vida é que podemos dar um passo em direção ao futuro.

^^^^^^^^^^^^^^^^^^^^^^^^^

PARA SUBSTITUIR AS NORMAS SOCIAIS POR NOSSAS PRÓPRIAS CONVICÇÕES, PRECISAMOS DESAPRENDER MUITA COISA.

^^^^^^^^^^^^^^^^^^^^^^^^^

Não há nada prendendo você.

☑ NÃO VIVA PARA AGRADAR OS OUTROS

Não tenho um emprego formal. Isso não aconteceu porque tomei uma grande decisão nesse sentido, mas porque calhou de eu querer escrever, e pensei em procurar um trabalho numa empresa depois que terminasse. Mas então... de repente me perguntei por qual motivo eu tinha tomado uma decisão tão importante de forma tão casual.

Acho que foi devido à forma como os meus pais me educaram. Nunca precisei me esforçar para corresponder às expectativas deles. Eles davam a sua opinião sobre qualquer decisão que eu tomava, mas no final sempre me apoiavam. E, embora minha irmã mais velha fosse a melhor aluna da escola — ao contrário de mim, que passava todo o tempo lendo quadrinhos manhwa —, eles nunca me compararam a ela, nem sequer uma vez. Nunca tive medo de perder a aprovação deles e me acostumei a tomar minhas próprias decisões.

Claro que ainda sentia alguma pressão para que pensassem bem de mim. Mas logo me livrei dela quando percebi que mais pressão não significava mais amor. Nos meus vinte e poucos anos, no meio do jantar, disse a eles: "Ponham de lado suas expectativas e pensem em mim como uma pessoa que aluga um espaço aqui nesta casa".

Eles ficaram chateados e disseram que eu estava sendo ingrata depois de tudo o que tinham feito para me criar. Mas eu repetia que eles deviam pensar em mim apenas como uma inquilina. Claro que eu teria gostado de ser a filha perfeita. Todos queremos que nossos pais se orgulhem de nós e nos esforçamos para isso. Mas viver esmagado sob nossas próprias expectativas também não os fará felizes e, por mais que nos preocupemos em deixá-los orgulhosos, algumas coisas não estão destinadas a acontecer.

A única coisa que está ao nosso alcance é sermos responsáveis por nós mesmos e esperar, mas não esperar que a nossa forma de viver corresponda às expectativas dos nossos pais. Viver apenas para satisfazer nossos pais não é amor, mas uma espécie de relação de credor. Tal como cabe a você assumir a responsabilidade pela própria vida, cabe aos pais perceberem que os filhos não existem para agradar.

Se o que incomoda você é a sua dívida financeira com seus pais, então faça o seu melhor para pagar. Se quiser ser inquilino, é preciso pagar o alojamento e a alimentação. Mas não faça da sua vida uma garantia de empréstimo.

^^^^^^^^^^^^^^^^^^^^^^^^^^^^

AS ÚNICAS EXPECTATIVAS QUE VOCÊ PRECISA TENTAR ATINGIR SÃO AS SUAS.

^^^^^^^^^^^^^^^^^^^^^^^^^^^^

É DO MEU JEITO OU NÃO É.

✅ NÃO SEJA NINGUÉM ALÉM DE VOCÊ MESMO

Quando eu estava no ensino fundamental, perguntaram para a turma o que gostaríamos de ser quando crescêssemos. Eu tinha ouvido falar de Marie Curie e disse que queria ser uma cientista como ela. Naquela época — e mesmo agora — não havia ninguém menos provável do que eu para se tornar uma cientista, mas quando se tem essa idade, basta dizer qual é a sua vontade. Teria sido estranho para uma criança de oito anos querer trabalhar numa empresa de comércio exterior ou como contador em um grande chaebol, os herdeiros dos grandes conglomerados coreanos.

O problema é que, mesmo quando crescemos, os nossos sonhos são muitas vezes sobre o que queremos *ser*, em vez de o que queremos *fazer*.

Uma vez conversei com um dermatologista que se formou numa escola de medicina em Seul e trabalhava no bairro rico de Gangnam. À medida que falava, senti que ele não tinha nenhum horizonte além do trabalho, nenhuma personalidade ou filosofia própria. Parecia uma criança que ainda não tinha crescido. Perguntei se ele era feliz. Sem um segundo de hesitação, respondeu: "Não". De fora, disse ele, podia parecer que tinha um ótimo trabalho, mas ele realmente desejava ter cursado uma faculdade melhor e estar trabalhando em uma clínica maior. Muitas pessoas que têm empregos considerados melhores são vistas como infelizes. E ele era uma dessas pessoas.

Aquele dermatologista tinha passado a infância toda estudando, e foi para a faculdade de medicina apenas porque conseguiu ser aprovado. Nos seus estudos e tempos de residência, ele nunca parou para pensar em outras opções ou nele mesmo.

Por que não estava feliz? Ele fora em busca de status, estabilidade financeira e aprovação dos outros sem olhar para dentro, o que o fez se sentir vazio. O que importara era se tornar médico. Ele dependia da identidade profissional para preencher o vazio de sua vida interior e compensar a frágil autoestima.

Mas ele ainda era infeliz. Acreditava que tudo ia melhorar quando se tornasse médico, mas só estava obcecado em ganhar mais e trabalhar em um lugar maior. O vazio dentro dele não poderia ser preenchido com status.

É claro que o seu trabalho é mais do que um ganha-pão, mas o seu trabalho não é a mesma coisa que você; ele não cria uma pessoa onde não existe nada.

Perseguir metas superficiais sem refletir sobre si mesmo significa viver uma vida de constante competição com os outros. Definitivamente, não é o caminho para a felicidade autêntica.

NÃO PRECISAMOS DE UM BOM CARTÃO DE VISITA PARA NOS PROVAR QUEM SOMOS, E SIM NOS TORNAR A PESSOA QUE NÃO PRECISA PROVAR NADA.

Não precisamos nos tornar nada além de nós mesmos.

☑ NÃO ACEITE O SENSO COMUM

Uma vez, conversei com uma canadense que dava aulas de inglês no ensino fundamental. Ela me contou sobre coisas que eram estranhas para ela na Coreia, como o senso comum de que um estudante "esperto" era um "bom" estudante. Para ela, um estudante que não fosse esperto poderia ser bom na escola, e um esperto poderia ser ruim.

Ela não acreditava na equação "esperto = bom" que os coreanos usam sem nem pensar.

O significado de viver bem acaba trazendo uma questão semelhante. O viver bem vai além da estabilidade financeira: um corpo saudável, relações sólidas, a habilidade de apreciar arte e filosofia, a satisfação de concluir um bom trabalho. Mas para os coreanos viver bem quase sempre significa uma coisa: ser rico.

Por que fomos programados para esquecer todas as outras coisas de valor e se concentrar apenas em uma?

Isso provavelmente é resultado do mindset 6.25 e do Red Scare. Em 25 de junho, ou 6.25, de 1950 foi quando a Guerra da Coreia começou, e o mindset 6.25 é o jeito "tudo ou nada" de pensar que muitos coreanos adotaram depois do conflito — para que não fôssemos mais invadidos ou passássemos por outro desespero nacional, o governo impôs toques de recolher e adotou uma cultura militar. Durante o medo do comunismo conhecido como Red Scare, discussões e debates foram preteridos para que criássemos uma mentalidade de conformidade e solidariedade como forma de sobrevivência.

Isso perdurou por gerações. Desenvolvemos o hábito de estabelecer metas que quantificassem nossos objetivos nacionais em números, como "$10 bilhões em exportação, $1000 de renda", que acabaram se transformando em metas pessoais que seguiam a mesma lógica, "perder cinco quilos, tirar nota máxima em inglês". Tornou-se um hábito cultural ir atrás dos mesmos objetivos. *Todo mundo* precisava ser modesto e feliz, ter menos de 17% de gordura corporal e pesar 47 quilos, estudar em uma boa escola e trabalhar para um conglomerado chaebol.

Existe uma conversa eterna sobre quais deveriam ser as metas pessoais da nação, e essa conversa sempre vem acompanhada de grande aprovação das respostas "corretas" e grande desaprovação das respostas "erradas". Quem estiver errado precisa se defender de uma verdadeira horda.

Com isso, acabamos lidando com uma minoria arrogante que tem as respostas "corretas" e uma imensa maioria de pessoas com as "erradas".

O jornalista britânico Daniel Tudor descreveu a Coreia como uma panela de pressão, chegando a chamá-la de "país impossível" por impor a seus cidadãos parâmetros inalcançáveis de educação, prestígio, aparência e realização profissional. Esse ideal é de alguma forma realista? Nem todo mundo pode ser magro, charmoso, estudar em escolas renomadas e trabalhar em chaebols. Um lugar onde todas as pessoas conseguem fazer isso seria uma distopia fantasiosa.

Se o mundo impõe a você uma forma "correta" de ser, você precisa questioná-la. Não tente alcançar metas irracionais e não se culpe por não seguir valores nos quais não acredita.

∧∧∧∧∧∧∧∧∧∧∧∧∧∧∧∧∧∧∧∧∧∧∧∧∧

EXISTEM MUITAS DEFINIÇÕES DO QUE SIGNIFICA SER UM BOM ALUNO, MUITAS FORMAS DE SE VIVER UMA BOA VIDA, E CADA UM DE NÓS TEM O DIREITO A TER A PRÓPRIA RESPOSTA. NOSSAS RESPOSTAS NÃO SÃO ERRADAS, SÃO APENAS DIFERENTES.

∧∧∧∧∧∧∧∧∧∧∧∧∧∧∧∧∧∧∧∧∧∧∧∧∧

Aqueles que acham que o heavy metal é o melhor tipo de música podem desejar que os Beatles tivessem tocado heavy metal, mas qualquer que fosse o estilo escolhido, os Beatles sempre teriam sido os Beatles.

☑ DESENVOLVA SEU ESTILO PESSOAL

Quando eu tinha vinte e poucos anos, li um livro de dicas que seu autor acumulara durante a vida. Uma delas era sobre como poucas peças de roupa de qualidade poderiam trazer mais alegria do que muitas peças mais baratas.

Recentemente, me lembrei disso quando estava olhando meu guarda-roupa. Vi um casaco de inverno que comprei apenas por estar na promoção, uma saia que parecia bonita no manequim mas que eu mesma não me dera ao trabalho de provar e muitas peças mais audaciosas que não passariam pelo crivo da minha mãe. Mas não me arrependo das minhas compras. Através dos meus fracassos na moda, consegui descobrir meu próprio estilo e desenvolver meu gosto pessoal para roupas.

Se você também já cometeu algumas compras ruins, isso significa que fez um esforço para descobrir o que funciona para você. Então aqui vai uma dica: desenvolva seu próprio senso e perspectiva através dessas falhas, ou por tentativa e erro, para descobrir seu estilo pessoal.

^^^^^^^^^^^^^^^^^^^^^^^^^

**NO FIM DAS CONTAS, VIVER SIGNIFICA ATIVAR
A VERSÃO QUE MELHOR REFLETE QUEM VOCÊ É.**

^^^^^^^^^^^^^^^^^^^^^^^^^

+

O fato de cabelo curto ser melhor para *ela*, e jaquetas esportivas e calças skinny ficarem bem *nele*, e bases mais puxadas para o pêssego fazerem com que a *minha* pele brilhe foram descobertas feitas a partir de corajosos experimentos.

☑ TENHA O SEU PRÓPRIO GOSTO

Tive um ex-namorado que era sócio de um centro artístico local e sempre assistia às performances, a maioria de dança contemporânea e artes de todo o mundo. Ele me levava junto por sentir que eu deveria ter a mesma cultura, mas tirando a vez que vimos uma apresentação de flamenco eu acabava sempre entediada. Não conseguia entender o que estava acontecendo mesmo depois de ler o programa — eu prefiro clareza à obscuridade. Disse a ele que aquilo não me agradava e que ele deveria sair com outra pessoa.

Não estou julgando a importância da arte. Algumas pessoas se emocionam com dança contemporânea, outras com bonequinhos de anime, e outras com *A guerra dos tronos*.

Algumas pessoas erram ao hierarquizar preferências artísticas ou impor seu gosto aos outros, mas essas diferenças não são provas de superioridade ou inferioridade, nem o seu estilo é algo que você deva forçar.

Para enriquecer sua vida, você precisa ter seu gosto próprio. Isso exige ser honesto sobre como você se sente, sem ser pressionado pelo julgamento alheio nem buscar atividades baseado em como as pessoas parecem nas redes sociais. Para se tornar profundamente alinhado a seus gostos, você precisa fazer o esforço de explorá-los, mas, no fim, gostos são coisas a serem sentidas, e não desenvolvidas.

Eu gosto mais de exibições do que de performances, mais de comédias do que de dramas e prefiro costela de porco com macarrão a filé e vinho.

Não precisamos de uma afetação estilizada para incluirmos na seção de "interesses" do nosso currículo, mas algo que impacte os nossos sentidos.

^^^^^^^^^^^^^^^^^^^^^^^^^^^^^

O GOSTO É ONDE O BRILHO E A PROFUNDIDADE DA VIDA MORAM.

^^^^^^^^^^^^^^^^^^^^^^^^^^^^^

☑ CONFRONTE O SEU VERDADEIRO EU

Não costumo esquecer facilmente de antigas desavenças. "Ela é egoísta." "Ele é falso." "Aquela pessoa é grosseira." Digo esse tipo de coisa sobre pessoas que me enganaram e carrego essa mágoa por um longo tempo, justificando minha falta de apreço com o termo "gente má".

Mas quando magoo alguém, por outro lado, costumo pensar: "Eu não sabia disso na época" ou "Foi apenas um erro".

Até que um dia comecei a pensar em por que nunca julgava os deslizes dos outros da mesma forma que os meus — como motivados por uma ignorância juvenil ou um simples erro. Todos têm seus momentos maldosos e cometem erros, e eles não poderiam estar sendo imaturos como eu fora? No fim das contas, não era eu a vilã por não ter levado isso em conta?

Até aquele momento, considerava "eu" apenas as partes minhas de que gostava, e portanto pensava em mim como uma pessoa perfeita. Sempre que um lado meu do qual eu não gostava aparecia, eu varria para debaixo do tapete — fingindo não ver, fingindo não ouvir. Disfarçava essas partes das quais não gostava como "não-sendo-eu". Eu não encarava minhas próprias falhas.

Carl Gustav Jung, um dos fundadores da psicanálise, chamou de "sombra" aquilo que desejamos esconder. Segundo ele, todos temos uma sombra que não podemos eliminar, e precisamos fazer as pazes com ela pelo bem da nossa saúde.

Todo mundo tem falhas que gostaria de acobertar. Mas se você odeia sua própria sombra a ponto de não reconhecer a existência dela, então seu senso de "eu" não vai ficar claro para você, e você nunca saberá quem realmente é ou terá controle sobre isso.

Precisamos nos tornar mais conscientes e tolerantes de nossos defeitos para alcançarmos uma vida mais saudável. Aceite as partes de você que não são tão agradáveis.

Quando conseguir se enxergar como realmente é, você vai saber criar limites mais certeiros e ser mais generoso com aqueles que respeitam esses limites. Apenas quando parar de se negligenciar, de inventar desculpas para si mesmo e aceitar a sua totalidade (com imperfeições e tudo — ou seja, confrontando o seu eu real) você poderá ultrapassar a fase de achar que está sempre certo e se tornar realmente humano.

+

Não detestamos alguém por não ser perfeito. Detestamos sua arrogância quando finge que é.

No fim das contas, nenhum de nós é perfeito.

☑ DESCUBRA ONDE VOCÊ PODE BRILHAR MAIS

No final do ensino fundamental, fui voluntária em um escritório do governo junto com uma amiga. Tínhamos que fazer listas de documentos e comparar tudo em uma tabela para ver se encontrávamos algum erro. Eu não era boa com números e me sentia esgotada só de olhar para as pastas. Enquanto fazia aquele tedioso trabalho a passo de tartaruga, minha amiga o realizava com rapidez e até dizia "Foi divertido". Fascinada, perguntei qual era o segredo dela, e ela me disse que encontrar erros lhe garantia um senso de dever cumprido. Ela acabou se formando em ciências contábeis e hoje trabalha em uma empresa de contadores. Tenho certeza de que é ótima no que faz e reconhecida por seus chefes.

Para levar uma vida que honra quem você é, é preciso entender seus talentos e encontrar um emprego em que possa brilhar. Caso contrário, seus dons serão desperdiçados e você precisará suportar a agonia de sentir que você e seu trabalho não valem nada.

Quando as pessoas pensam em talento, muitas vezes associam a artes ou habilidades específicas, mensuráveis e demonstráveis, ou consideram que apenas o talento extraordinário merece ser visto. Essa mentalidade pode impedir que você reconheça seus dons.

Talento pode ser desenvolvido, e todo tipo de talento é passível de gerar contribuição. Por exemplo, nem todo mundo que escreve bem precisa ser romancista. Mais importante do que o nível do seu talento é saber qual aptidão específica você tem e onde ela vai florescer.

Afinal, o que é talento? Penso em talento como aquilo que você consegue fazer com mais facilidade do que os outros. Muitas coisas se encaixam nessa categoria. Algumas pessoas têm talento para trabalhar com documentos, outras acham fácil falar com estranhos, outras têm um bom olho para detalhes ou para a beleza, e há aquelas que são ótimas ouvintes. Talentos como esses não são tão óbvios quanto desenhar ou cantar. Por isso é importante prestar atenção para descobrir seus dons e entender onde eles serão bem aproveitados. Faça uma lista do que você gosta e do que tem facilidade em fazer. Se não conseguir chegar a uma conclusão, faça um teste de aptidão on-line. Existem várias formas de saber onde você se destaca.

Encontre o ponto de intercessão entre aquilo que você quer e aquilo em que você se sai bem.

∧∧∧∧∧∧∧∧∧∧∧∧∧∧∧∧∧∧∧∧∧∧∧∧∧∧∧∧

NÃO EXISTE PESSOA SEM TALENTO; ELA SÓ NÃO DESCOBRIU AINDA QUAL É O SEU.

∧∧∧∧∧∧∧∧∧∧∧∧∧∧∧∧∧∧∧∧∧∧∧∧∧∧∧∧

COMPRANDO UM TABLET

Coisas que posso fazer

Desenhar
Fazer videos
Montar cronogramas
...

Coisas que eu realmente faço

Assistir YouTube

O verdadeiro uso é mais importante do que o potencial.

NÃO IMPORTA QUÃO BOM POSSA PARECER, TOME SUA PRÓPRIA DECISÃO

Sem pretensão alguma, deparei com este trecho de uma entrevista, parte de um documentário:

"Pelo menos, se você entrar em uma boa escola em Seul, vai ganhar muito dinheiro e morar nesse bairro e viver o resto da vida com esse nível de conforto. Sucesso é felicidade, não é? E na Coreia o primeiro passo para a felicidade é entrar em uma boa universidade."

Eles estavam tentando vender a ideia de que uma boa universidade garantiria uma boa vida. Existia alguma verdade nessa ideia... há uns trinta anos.

A sociedade está cada vez mais imprevisível, a competição só aumenta e cursar uma faculdade de prestígio não garante mais sucesso. Muitas pessoas também se tornam bem-sucedidas sem que a universidade desempenhe qualquer papel nisso. Então, por que continuam repetindo esse discurso? O entrevistado, claro, era dono de um cursinho. E adivinhe quem se beneficiaria com o tipo de ansiedade que essa mentira causa? O dono de um cursinho. Me pergunto quantos jovens escutaram o que ele dizia e acabaram se decepcionando com a vida.

O famoso teste do marshmallow é hoje um estudo clássico em educação e psicologia. Uma criança recebe um marshmallow e é instruída a não comê--lo por quinze minutos se quiser ganhar outro. De acordo com a pesquisa, as crianças que conseguem esperar os quinze minutos têm mais probabilidade de se tornar melhores alunos e de ter mais sucesso. Esse experimento é frequentemente utilizado para justificar o sacrifício da felicidade de hoje pela de amanhã.

No entanto, existem outras interpretações, como a de que a verdadeira variável dessa experiência não é a disciplina, mas a estabilidade e a confiança no ambiente em que a criança cresce, bem como os fatores econômicos que fariam com que ela não se interessasse por comer um marshmallow. A interpretação clássica, em outras palavras, não é a história completa.

O mundo está repleto de fórmulas de sucesso, com todo o tipo de gente que afirma ter encontrado o verdadeiro caminho para espalhar a palavra — mediante pagamento.

Claro, cada história tem um pouco de verdade. Mas o sucesso de um indivíduo depende tanto de fatores como personalidade, condição, momento e sorte que é impossível criar uma fórmula. É por isso que é preciso atravessar toda a embalagem excessiva e o revestimento que cerca as teorias de autoajuda para ver se não passam de um esquema para ganhar dinheiro. Caso contrário, você vai acabar se tornando uma ferramenta para alguém.

∧∧∧∧∧∧∧∧∧∧∧∧∧∧∧∧∧∧∧∧∧∧∧∧

APRENDA EM VEZ DE REVERENCIAR,

CRIE EM VEZ DE IMITAR,

CRESÇA EM VEZ DE SEGUIR.

∧∧∧∧∧∧∧∧∧∧∧∧∧∧∧∧∧∧∧∧∧∧∧∧

✢

Torne-se sua própria luz que ilumina o mundo ao redor.

Às vezes, o que nos salva não é a fé, e sim a suspeita.

PARTE 3

Guia para não ser engolido pela ansiedade

A preocupação não livra o amanhã de tristezas
– mas livra o hoje de suas forças.

CORRIE TEN BOOM

☑ AGUENTE A INCERTEZA QUE É A VIDA

Gosto de consultar videntes. É um hobby meu. Ultimamente, até comecei a aprender um pouco sobre como prever o futuro de outras pessoas. Mas o quanto se pode confiar nessas previsões?

Enquanto escrevia este livro, fui me aconselhar com uma dessas profissionais. Basicamente ouvi: "Seu livro será um fracasso, então, se não quer passar fome, encontre um trabalho".

Uma previsão bem ruim, mas como meu livro não foi um fracasso — muito pelo contrário — me pergunto se não é aquela vidente que vai acabar passando fome antes de mim.

Algumas das pessoas que consultei eram extremamente precisas, mas como os gêmeos que nascem quase ao mesmo tempo não têm a mesma vida, mesmo a mais famosa delas não pode garantir 100% de acerto. Como a Oráculo sugere em *Matrix*, quando não diz a Neo que ele é "o escolhido", saber o seu futuro e trilhá-lo são coisas diferentes.

O problema com as previsões é que elas se parecem com doces de ginseng que só trazem 5% da raiz em sua composição — ou seja, têm apenas um pouquinho de verdade —, e se quisermos saber o que vai acontecer precisamos viver.

Ainda assim, quando buscamos confirmação, vamos atrás desse tipo de coisa. Mas mesmo que Nostradamus voltasse dos mortos não teríamos certeza do futuro. Não porque as pessoas que fazem as previsões são ruins, mas porque a vida é baseada na incerteza.

Sinto muito se você está procurando certezas na vida, mas tendo gastado tanto dinheiro com previsões acabo por concluir que viver é uma questão de suportar a incerteza.

✦

No fim das contas, vamos a esses lugares para ouvir: "Tudo vai ficar bem". Em vez de acreditar em videntes, acredite em si mesmo.

*Desejar uma vida de segurança perfeita,
sem nada inesperado ou mesmo inevitável,
é o mesmo que desejar viver em uma
bolha. Na vida, a segurança não vem
quando eliminamos as incertezas,
mas quando as confrontamos.*

Você está se saindo bem e vai dar tudo certo.

NÃO PENSE QUE VOCÊ É A ÚNICA PESSOA COM PROBLEMAS

Desde pequenos, somos ensinados a acreditar que uma família normal é aquela em que os pais se dão perfeitamente bem e amam seus filhos incondicionalmente. Era por isso que, quando meus pais brigavam, eu pensava: "Nossa família é anormal?". À medida que fui ficando mais velha, percebi que todo lar tem seus conflitos. Na verdade, quanto mais próximas as pessoas são, maior a chance de haver desentendimentos, e como o ser humano é complexo, é natural que morar junto com outras pessoas leve a atritos.

Aquilo que é mostrado pela mídia e o que as pessoas escolhem compartilhar nas redes sociais acaba dando a sensação de que as famílias perfeitas estão por toda parte. Isso leva as pessoas a acreditarem que são anormais e sofrerem de um senso de inferioridade.

Mas o que significa ser anormal? Significa não ser perfeito? E será que esses padrões realmente existem? Uma vida assim existe?

Normalidade não significa perfeição — até Freud assumiu que era normal ter um pouco de histeria, um dedo de obsessão, uma pitada de compulsão. Ser normal não significa ser perfeito, e sim ter cicatrizes, falhas e defeitos.

A vida é múltipla, e duas dela nunca serão iguais, além de não existir vida perfeita. Não importa o ambiente em que você cresceu ou as dificuldades que enfrentou, não há razão para sentir vergonha.

Tudo é normal.

✛

Escondemos tanta infelicidade que esquecemos como todos os tipos de infelicidade são universais.

Quando algo indesejado acontece, alguns encaram o que aconteceu como um problema, enquanto outros veem como parte da vida. Sua felicidade depende dessa diferenciação.

☑ NÃO SIGA UM ROTEIRO ALEATÓRIO

Houve um tempo em que eu me preocupava com coisas irreais. E quando as coisas que eu temia não aconteciam, me sentia aliviada. Eu exagerava minhas preocupações para poder me confortar: cheguei ao ponto de considerar qualquer tosse como um caso de tuberculose. Fiquei tão cismada com isso que quando descobria que era só uma gripe sentia que tinha recebido uma ótima notícia. Essa preocupação exagerada acabou se transformando em um hábito, e eu vivia exausta com tantos ensaios do pior cenário.

Preocupar-se com coisas que ainda não aconteceram é o mesmo que viver em um bunker com medo de que uma guerra possa estourar, ou comprar vários mantimentos "só por precaução".

É um desperdício, além de irracional. Como superar isso? A preocupação se baseia no irracional e no pensamento negativo. O primeiro passo para parar de ser consumido por esse sentimento é tomar as rédeas da sua imaginação.

Encare suas preocupações de forma objetiva. Você provavelmente vai acabar percebendo que imaginou o pior cenário possível, o que é sempre ruim. Qual é a probabilidade real de uma simples tosse significar um caso de tuberculose? Não estrague o presente delirando com um futuro catastrófico.

∧∧∧∧∧∧∧∧∧∧∧∧∧∧∧∧∧∧∧∧∧∧∧∧∧

SUA ANSIEDADE NASCE DO ROTEIRO HORROROSO

QUE VOCÊ INVENTOU PARA A SUA VIDA.

∧∧∧∧∧∧∧∧∧∧∧∧∧∧∧∧∧∧∧∧∧∧∧∧∧

Nos preocupamos com os problemas do futuro, mas o maior problema é como arruinamos o nosso presente com essas preocupações.

☑ ENCONTRE UMA SOLUÇÃO REAL

Existe um processo primitivo a que somos suscetíveis chamado pensamento mágico. Por exemplo, nas eras antigas, antes de compreendermos como o clima realmente funcionava, a chuva que não parava ou os tufões que se prolongavam por dias eram tão inesperados e inquietantes que exigiam intervenções extremas. Era quando todos chegavam à conclusão de que os deuses estavam zangados e sacrificavam virgens para os apaziguar. Mas a chuva para quando chega a hora de parar, não importa quantas virgens forem sacrificadas. A crença de que o destino podia ser controlado dava segurança às pessoas. Pensamento mágico é tudo aquilo que as pessoas inventam para combater o medo e o pavor em situações nas quais sentem que não têm controle.

Quando eu era criança, ao receber o treinamento anticomunista a que as crianças coreanas eram sujeitas na época, rezei todas as noites antes de me deitar, durante um ano, para que não houvesse guerra. Por mais que as minhas orações não significassem nada no contexto dos assuntos políticos internacionais, eu acreditava que elas podiam afastar aquele mal.

Embora não sejamos mais homens das cavernas ou crianças de dez anos, ainda confiamos no pensamento mágico. Talvez não sacrifiquemos virgens

105

para evitar enchentes ou rezemos todas as noites para evitar guerras, mas, diante de qualquer coisa que pareça estar fora do nosso controle, continuamos a investir em soluções que não têm efeito.

É por isso que as pessoas gastam dinheiro em rituais xamânicos para se livrar de dívidas, ou acreditam nas desculpas esfarrapadas de um namorado pouco confiável — fingindo que perdoá-lo o transformará em algo diferente —, ou ficam obcecadas com coisas que não têm nenhuma relação com sua felicidade. Acontece que quanto mais você confia em soluções falsas, mais fora de alcance ficam as soluções reais e, no final, nada é resolvido. Você pode acreditar que o tempo vai curar suas feridas, mas assim como as fadas não farão sua lição de casa enquanto você estiver dormindo, há alguns problemas que o tempo simplesmente não pode resolver.

Se você não conseguir superar uma situação, pergunte a si mesmo se está se apegando a uma solução falsa em vez de confrontar a verdadeira natureza do problema. Embora possa demorar um pouco, no final você precisa transformar sua preocupação em um plano de ação. Apenas esse primeiro passo em direção a uma solução real irá livrá-lo do problema.

✦

Liberdade significa recuperar sua consciência interior. Liberte-se do que o prendeu por tanto tempo.

*Ao olhar para o passado, você precisa
de uma análise, não de arrependimento.*

*Ao olhar para o futuro, você precisa de
um bom julgamento, não de preocupações.*

☑ PROCURE NÃO SER SENSÍVEL DEMAIS

Um dia, uma amiga minha sofreu um acidente. Ela estava atravessando a rua quando um carro parado avançou e a atingiu. Por sorte, ela não se machucou gravemente. Mas desde que ouvi essa história fico atenta até mesmo aos veículos parados sempre que atravesso a rua.

A ansiedade é a sensação difusa de que experiências ruins podem acontecer novamente. Quando se vive um certo número de anos, é de esperar que a variedade de experiências traga uma perspectiva mais ampla, mas, na verdade, os traumas acumulados acarretam mais motivos para a ansiedade. E, assim como na minha experiência com o acidente da minha amiga, a ansiedade pode ser transmitida de uma pessoa para outra.

Vivemos em um mundo com muitas coisas que nos deixam ansiosos. A mídia divulga os mais variados acidentes todos os dias, a cada minuto. Somos bombardeados por notícias sobre emergências médicas e instabilidade econômica. As pessoas estão tensas, e nossas comunidades on-line estão repletas de relatos dos piores tipos de tragédias da vida real.

Diante de tantas informações, não podemos deixar de ficar ansiosos. Passamos por ciclos intermináveis de perturbação retroalimentada. Nossas mentes sensibilizadas rompem as barreiras entre a realidade e os nossos medos, tornando-nos frágeis diante dos menores contratempos.

Para lidar com isso, é necessário fazer o possível para reduzir um pouco sua mente hipersensível. Diga a si mesmo que o passado pertence ao passado, que não há provas de que as coisas vão piorar e que você não pode viver com medo constante de cada desastre que possa acontecer.

Tranquilize sua mente e traga-a de volta para o mundo real, em vez de deixá-la perdida na sua imaginação.

^^^^^^^^^^^^^^^^^^^^^^^^^^^^

A VIDA QUE VOCÊ ESTÁ *REALMENTE* VIVENDO É MUITO MAIS TRANQUILA DO QUE VOCÊ PENSA, E VOCÊ É MAIS FORTE DO QUE IMAGINA.

^^^^^^^^^^^^^^^^^^^^^^^^^^^^

Temperos que realçam o sabor podem estragar um prato se usados em excesso.

☑ FIQUE TRISTE APENAS O SUFICIENTE

Dizemos adeus a muitas coisas na vida: um ente querido; nossa infância, quando talvez não tenhamos recebido o amor de que precisávamos; ideais que antes nos eram tão caros; nossa juventude; uma época em que acreditávamos em nós mesmos. Todas essas separações precisam ser lamentadas, por períodos longos ou curtos.

Lamentar significa ficar triste sem restrições. Mas, muitas vezes, temos tanto medo de enfrentar a perda que, em vez disso, suprimimos, ignoramos ou entendemos mal nossa necessidade de luto, recusando-nos a dar a nós mesmos a chance de ficarmos tristes.

Freud diz que quando não passamos pelo processo de luto adequado, ficamos deprimidos. As emoções não desaparecem simplesmente quando as cobrimos e impedimos que transbordem. Sem o luto para lavar nossa tristeza, nossas emoções ficam estagnadas em uma piscina de depressão e nos impedem de seguir em frente.

Se você estiver sofrendo de ansiedade ou depressão, encontre a fonte. Mesmo que ela possa estar oculta ou distorcida, continue se questionando e buscando pistas para enfrentá-la. Saber qual é a verdadeira origem das suas emoções pode ser o fim da busca, mas não da ansiedade ou da depressão em si. O simples fato de entender de onde o sentimento vem não é o suficiente para sufocá-lo, e talvez leve um tempo até que você atravesse o luto adequadamente.

Pergunte à parte mais profunda de você: o que se foi na sua vida?

PRECISAMOS TER TEMPO PARA LAMENTAR TODAS AS DESPEDIDAS INEVITÁVEIS.

Para descobrir a verdadeira natureza de um problema, não precisamos de mais pensamento, mas de mais profundidade de pensamento.

☑ QUANDO AS COISAS ESTIVEREM DIFÍCEIS, DIGA QUE ESTÃO DIFÍCEIS

Não sou do tipo que sai por aí anunciando que passa por dificuldades. Não só detesto dizer às pessoas que estou sofrendo como também não me vejo como alguém que sofre. Parece que falar sobre isso pioraria as coisas, então sempre acabo dizendo: "Estou bem".

Mas sei que reprimir meus sentimentos só me torna menos sensível a mim mesma. Isso, por sua vez, me torna insensível a outras coisas, e começo a negligenciar meus sentimentos à medida que continuo a lidar com a dor sem saber que estou chegando ao meu limite.

É por isso que precisamos nos manifestar quando as coisas estão difíceis, mesmo quando ninguém nos ouve ou nada muda. Também precisamos descansar um pouco quando as coisas se tornam excessivas. Nem sempre é possível controlar seus sentimentos dizendo que está tudo bem e nem sempre é possível ser forte.

Portanto, quando sentir que está se afogando em responsabilidades ou quando quiser chorar assim que chegar em casa do trabalho, diga: "Estou passando por um momento difícil".

Ninguém além de você pode cuidar de você mesmo e, em algum momento, o autossacrifício se torna simplesmente um autoabuso. Não há problema em ser um pouco egoísta, um pouco irresponsável. Mas nada é mais irresponsável do que negligenciar a si mesmo enquanto se afirma responsável.

+

Nessa toada: tenho passado por um período difícil.

☑ TIRE UM TEMPO PARA PROCESSAR OS ACONTECIMENTOS

O *Grant Study* da Universidade Harvard acompanha a vida inteira de uma pessoa, e um de seus objetivos é entender quais são as condições da verdadeira felicidade. De acordo com um dos principais pesquisadores do estudo, George Vaillant, o fator decisivo para o sucesso e a felicidade está nos mecanismos de defesa subconscientes de cada um, especificamente em relação à adversidade. Vaillant identifica quatro níveis de mecanismos de defesa — patológico, imaturo, neurótico e maduro — e argumenta que a maioria dos problemas psicológicos decorre de questões que surgem em nossos vários estágios de desenvolvimento.

Houve, porém, um exemplo específico que me surpreendeu. Era sobre uma mulher que queria desesperadamente ter um filho mas foi diagnosticada com câncer no útero e teve que fazer uma histerectomia. Depois de acordar do procedimento, em vez de se sentir devastada, ela declarou que estava mais solidária com o sofrimento das pessoas ao seu redor. Disse que, na verdade, acabou tendo uma sorte incrível e que foi uma bênção ter descoberto o câncer em um estágio inicial e poder ser submetida a uma operação bem-sucedida.

Esse seria um exemplo de um mecanismo de defesa maduro ou imaturo? Diferente do que pensaríamos a princípio, é o último. Mas por que essa aceitação e até mesmo a transcendência seriam consideradas imaturas?

Embora a reação possa se assemelhar ao mecanismo de defesa maduro da "sublimação", na verdade é uma forma de "dissociação", quando uma situação insuportável faz a pessoa se separar da fonte do trauma. Em outras palavras, é uma resposta imatura que se disfarça como uma resposta madura. Como, então, podemos distinguir entre um mecanismo de defesa maduro e um imaturo?

A diferença está no fato de a resposta surgir de um acerto de contas adequado: vivenciar a própria tristeza, se abrir para um processamento cuidadoso do que aconteceu e encarar a realidade como ela é.

APARENTAR MATURIDADE SEM PROCESSAR ADEQUADAMENTE O QUE ACONTECEU É APENAS AUTOENGANO, NÃO UMA SOLUÇÃO VERDADEIRA.

Ouvimos as mesmas coisas o tempo todo: respeitar a si mesmo, aceitar-se como você realmente é e amar a si próprio.

Todos esses são pontos positivos. Devemos absolutamente nos tratar dessa maneira.

Mas não podemos nos amar apenas fingindo ou simplesmente repetindo palavras várias vezes. Amar e respeitar a si mesmo só é possível por meio de um processo de crescimento interno, que exige resistência persistente ao ódio a si mesmo, disposição de parar de remoer memórias dolorosas e encarar a si mesmo como se é. Somente por meio do cultivo de sua força interior o amor-próprio pode ser realmente alcançado.

É claro que é mais fácil falar do que fazer. Mas apenas aqueles que percorreram o longo e difícil caminho podem concretizar o verdadeiro amor-próprio.

Vamos parar de fingir que amamos a nós mesmos. Vamos tentar nos amar de verdade.

Espero que eu consiga, e espero que você também.

☑ NÃO FAÇA ALGO SÓ PORQUE ESTÁ ANSIOSO

Trabalhei muito duro desde a faculdade até hoje. Ganhei um concurso importante, paguei para participar de um programa de liderança esquisito e apoiei várias causas. Mas também fiz muitas coisas que não me ajudaram tanto assim.

É claro que toda experiência é útil até certo ponto — por exemplo, o fato de Steve Jobs ter aprendido caligrafia influenciou os designs de tipografia da Apple. Mas não temos tempo infinito, e só quando temos um foco para nossos esforços as experiências aleatórias também podem encontrar um significado. No entanto, como vivemos em um mundo onde sentimos uma pressão constante para sermos produtivos e melhorarmos, estamos sempre fazendo *algo*, e isso nos tranquiliza.

Mas como posso justificar uma aula de programação para iniciantes quando tudo o que consigo fazer é imprimir "Hello world", ou um certificado medíocre de algum hobby estranho, ou todas as outras atividades das quais não me lembro? Eles não garantem nenhum benefício na vida, e qualquer senso de realização que proporcionem se esvai rapidamente.

O mundo está cheio de artifícios para lucrar com nossa ansiedade e, sem um senso do que é importante, caímos neles. Portanto, pare de ser perseguido por suas preocupações, suas tentativas desesperadas de não ficar para trás, seus esforços em provar que está trabalhando duro. Em vez disso, volte ao básico.

^^^^^^^^^^^^^^^^^^^^^^^^^^

QUE TIPO DE PESSOA VOCÊ É? QUAIS SÃO AS COISAS QUE VOCÊ PODE FAZER PARA O SEU PRÓPRIO BEM?

^^^^^^^^^^^^^^^^^^^^^^^^^^

Defina uma meta e comece a trilhar o caminho em direção a ela. Estar consciente da sua meta e alcançá-la — aí está o verdadeiro alívio.

Correr sem pensar significa que você nunca chegará ao seu destino.

APRENDA A SEGUIR EM FRENTE MESMO QUANDO HOUVER UM PROBLEMA

Dificuldades inesperadas sempre aparecem na vida. Muitas delas não têm solução imediata. Coisas que não podem ser desfeitas. Erros do passado que o assombram no presente. Tarefas que você precisa administrar constantemente para que não se tornem uma bola de neve. Obstáculos que fazem você querer jogar tudo para o alto e começar de novo.

Se ao menos pudéssemos reiniciar nossas vidas como em um video game. Mas só porque algo deu errado devemos viver nossa vida como se estivéssemos mortos? Esperar até a próxima?

Eu certamente já passei por momentos de desespero, mas sempre concluí que queria continuar vivendo. Não era justo abrir mão de tudo por causa de um erro e, embora minha vida possa parecer insignificante para os outros, é a única que tenho. Como diz a personagem principal em *Another Miss Oh*, eu ainda me amava e desejava a mim mesma um futuro promissor.

Talvez você esteja passando por isso agora. Exausto, cansado de si mesmo, com a vida o deixando para baixo — você pode querer jogar a toalha. Mas você é o único responsável pela sua vida. Só porque se machucou ou está insatisfeito você não pode largar a sua vida sozinha no escuro para chorar.

Isso é irresponsabilidade. Se algo ruim acontecer, ficar triste por um tempo e permitir-se processar a dor fará com que você encontre uma maneira de conviver com ela.

Não por motivos bobos, como se sua dor não fosse válida ou porque "todo mundo passa por isso", mas porque sua vida é preciosa para você, espero sinceramente que você a viva bem.

O melhor que podemos fazer é viver da maneira mais autêntica possível.

PARTE 4

Guia para viver em sociedade

Quando as pessoas me atacavam, eu pensava: "Quando me xingam vocês não me machucam, e se me elogiassem isso não me tornaria melhor do que já sou. Portanto, façam o que quiserem, já que não posso ser derrotado nem enaltecido por vocês, e continuarei vivendo minha vida do jeito que quero".

KIM HOON NA ENTREVISTA "KIM HOON IS KIM HOON AND PSY IS PSY", DE KIM GYEONG

☑ TENHA AO MENOS UM NÍVEL BÁSICO DE RESPEITO PELO OUTRO

Uma história sobre um homem que desapareceu e foi encontrado morto viralizou. Todo mundo na internet ficou especulando se ele havia sido assassinado, cometido suicídio ou sido vítima de um acidente. Mas qualquer que fosse a causa, o fato de ele não estar mais vivo já não seria trágico o bastante? Para qualquer pessoa que esteja apenas lendo sobre o assunto, uma história trágica é só mais um motivo de fofoca. Assim como para uma pessoa de fora uma favela pode parecer romântica ou, para um viajante, uma "experiência".

É natural do ser humano ter curiosidade sobre as dificuldades que os outros enfrentam. Mas e se outras pessoas fizessem isso com você, você permitiria? Ninguém deve ter o direito de violar a privacidade alheia.

Se você não quer ser alvo de fofocas de estranhos, também precisa proteger a privacidade do outro. Você não pode criar uma zona exclusiva de proteção para si mesmo e não se esforçar para proteger a vida de quem quer que seja. Não pode exigir o direito de ser esquecido quando exige o direito de saber tudo que outras pessoas fazem.

129

Controle sua curiosidade sobre a vida alheia. Essa é a melhor maneira de proteger sua própria privacidade e é o mínimo que podemos fazer para respeitar uns aos outros.

☑ NÃO SE ESFORCE DEMAIS PARA SER COMPREENDIDO POR TODOS

Você vai se casar? Você tem um emprego? Um namorado? E suas economias? As pessoas acham essas perguntas inconvenientes, mas não são as perguntas em si que são grosseiras; é o julgamento por trás delas.

É o exame minucioso daqueles que acham que qualquer pessoa fora de sua ideia de norma está "errada" — agindo como psicólogos ou investigadores criminais que se consideram neutros e imparciais quando não sabem nem o mínimo sobre si mesmos.

Mas assim como um estudante de matemática que não consegue resolver uma equação quadrática é o culpado, e não a equação quadrática em si, a incapacidade de alguém de nos entender não é culpa nossa, e sim do outro.

Não há necessidade de se preocupar com essas pessoas nem de se esforçar para provar seu valor a elas.

^^^^^^^^^^^^^^^^^^^^^^^^^^
**NÃO ESTAMOS AQUI PARA OBTER VALIDAÇÃO
DE GENTE PRECONCEITUOSA. SUA VIDA,
NO FINAL DAS CONTAS, É SUA.**

^^^^^^^^^^^^^^^^^^^^^^^^^^

+

Aqueles que reúnem todas as perspectivas a respeito dos outros em uma noção onisciente estão fadados a interpretar mal a situação.

*Mas eu não existo para
ser entendida por você.*

✓ RESPEITE OS LIMITES DOS OUTROS E OS SEUS PRÓPRIOS

Tenho uma amiga que está sempre alegre. Nunca a vi deprimida ou estressada por causa de projetos na faculdade ou de serões no escritório. Todos ficam fascinados com ela. É realmente possível ser uma pessoa tão tranquila?

Como amiga há mais de uma década, posso garantir que ela não é só felicidade — é tão complexa quanto qualquer outra pessoa. É verdade que ela tem boa saúde física e mental e não é excessivamente sensível. Mas ela também estabelece limites pessoais que nunca ultrapassa nem permite que outra pessoa ultrapasse. E não porque ela tenha um monte de segredos obscuros; é que todo mundo tem seu próprio espaço e uma percepção particular de seus limites.

Desde criança, nos acostumamos a ver outras pessoas invadirem nosso espaço em nome da amizade ou da família — uma violação muitas vezes disfarçada de intimidade.

Mas se abrir totalmente e perder seus limites não são pré-requisitos para um bom relacionamento, e não podemos exigir que ninguém baixe a guarda em nome da amizade. Mesmo que você ache que uma pessoa seja cheia de entraves, não é da sua conta ficar atacando. Violar o espaço pessoal de

133

alguém é uma forma de violência. Um bom relacionamento exige que respeitemos os limites de cada um, e uma boa amizade inclui a capacidade de desfrutar da companhia um do outro a uma distância confortável.

✛

Mesmo que não compartilhe tudo comigo, sei que ela é uma grande amiga.

Não confunda intimidade com o desrespeito de um limite.

☑ SEJA UM INDIVIDUALISTA GENEROSO

O livro *A coragem de não agradar* se tornou um best-seller na Coreia e no Japão. Vendeu tanto que foi considerado um "fenômeno". Por que ele se saiu tão bem nesses dois países? Curiosamente, costuma-se dizer que tanto a Coreia quanto o Japão têm baixos níveis de felicidade, apesar de sua riqueza.

Por que isso acontece? O nível de individualismo de um país é um importante fator cultural relacionado à felicidade, e seus efeitos indutores de bem-estar são dissociados da riqueza. Os países ricos com baixos níveis de individualismo tendem a ser menos felizes, como é o caso da Coreia e do Japão.

O que há no coletivismo que inibe a felicidade? O coletivismo preza a harmonia, enfatizando o bem do grupo em detrimento do bem do indivíduo e exercendo controle sobre os indivíduos em prol da comunidade, o que já é bastante exaustivo. Mas o maior problema é como esse controle é internalizado nas pessoas.

Se uma sociedade individualista usa a culpa de alguém, ou vergonha em âmbito privado, para controlar e regular seus cidadãos, as sociedades coletivistas usam a humilhação, ou vergonha pública. A humilhação é a vergonha vista pelos olhos dos outros, o que nos leva a estar sempre conscientes da opinião

135

alheia e permitir que essa situação afete cada movimento nosso. Nós nos colocamos no lugar das outras pessoas e dizemos coisas como: "Vou mostrar a eles, vou mostrar a todos eles" e "Ninguém mais poderá me desprezar".

É como ter uma câmera de vigilância na alma. A ideia de que alguém está observando te mantém tenso e ansioso. O fato de um livro como *A coragem de desagradar* ter sido um fenômeno editorial na Coreia e no Japão é uma prova do nosso cansaço do coletivismo, de viver com medo constante do julgamento dos outros.

A razão pela qual nos tornamos uma sociedade coletivista está em nossas origens agrárias, quando o trabalho em grupo era crucial. Mas não é como se todo mundo estivesse plantando arroz hoje em dia. O que precisamos, mais do que a coragem de não gostar de alguém, é de um individualismo tolerante. Não estou dizendo que tudo que é estrangeiro é bom. Só que precisamos equilibrar parte do coletivismo em nossa sociedade. Devemos manter uma visão panorâmica do todo, mas ainda assim permitir a individualidade e a liberdade pessoal.

Sem mencionar o fato de que as pesquisas mostram que o individualismo não aumenta o comportamento antissocial como seria de esperar, mas se correlaciona com a polidez, a generosidade e a responsabilidade social. É pelo fato de as pessoas serem respeitadas por quem são que relacionamentos mais significativos podem ser construídos.

Acredito que duas coisas tornariam a sociedade um lugar melhor: primeiro, não ficar bisbilhotando os outros; isso é uma questão de responsabilidade pessoal. Segundo, não se preocupar com o que pensam ou vão pensar; devemos aceitar os valores e estilos de vida de cada um e aprender a coexistir. Não sou perfeita em nenhuma dessas habilidades, mas estou tentando.

∧∧∧∧∧∧∧∧∧∧∧∧∧∧∧∧∧∧∧∧∧∧∧∧

PARA A SUA FELICIDADE E A DAS OUTRAS PESSOAS, SEJA MAIS GENEROSO COM ELAS E COM VOCÊ MESMO.

∧∧∧∧∧∧∧∧∧∧∧∧∧∧∧∧∧∧∧∧∧∧∧∧

*Um pouco menos de preocupação,
um pouco mais de respeito.*

☑ PARE DE VER A VIDA COMO UM JOGO DE GANHAR OU PERDER

Durante minha orientação universitária, tive a seguinte conversa com uma garota do meu ano. Ela viera de uma escola de artes em Seul que havia enviado alguns outros alunos para o nosso departamento. Fascinada, eu disse: "Deve ser ótimo estar aqui com amigos do colégio".

"Eles não são meus amigos", foi a resposta.

"O quê? Por que não?"

"São apenas concorrentes."

O que era aquilo, um drama de ensino médio?

No final das contas, eu é que era ingênua. Todos nós já éramos profundamente competitivos. Até eu tinha lido livros sobre como melhorar a posição acadêmica, um dos quais dizia para visualizar seu maior rival enquanto estudava. Designei um colega de classe como adversário, mas isso não durou muito. O país estava cheio de crianças que eram melhores na escola do que eu, e parecia ridículo tentar competir com apenas uma. Mas quantas outras seguiram o mesmo conselho e escolheram uma nêmesis?

A infância deveria ser o período de estabelecer amizades para a vida, mas em vez disso somos incentivados a competir contra amigos por causa de notas e de quem entra nas melhores faculdades. Nossos colegas são vistos como concorrentes, e não como bons vizinhos. E é por isso que, apesar de a Coreia ser uma sociedade coletivista, tem uma posição baixa no ranking de comunidades e relações sociais da Organização para a Cooperação e Desenvolvimento Econômico (OECD na sigla em inglês).

Ironicamente, somos, na verdade, menos voltados para a comunidade do que o Ocidente individualista. Isso significa que agimos com consciência do olhar dos outros, de acordo com os costumes sociais fortemente coletivistas, mas não há confiança ou solidariedade nesse olhar. Nossos relacionamentos nos sufocam e fazem com que nos sintamos solitários ao mesmo tempo. E isso nos deixa exaustos.

O que ganhamos com tudo isso? Será que nossa competitividade nos dá alguma vantagem? Acho que não. Bong Joon-ho ganhou o Oscar de Melhor Filme levando a qualidade de sua produção cinematográfica ao limite, e não porque estava determinado a superar Martin Scorsese ou Quentin Tarantino.

Se você está sempre contabilizando suas vitórias e derrotas, não está disposto a ceder um centímetro sequer para outra pessoa ou sente inveja da sorte de um amigo, talvez esteja bem acostumado a uma sociedade competitiva. Mas a competição só nos deixa exaustos e tensos. A competição não garante nenhuma vantagem. Em vez de se torturar transformando todo mundo em um rival, encontre seu verdadeiro objetivo e construa seu próprio mundo.

E mais: recupere sua confiança nos outros e descubra uma comunidade em que vocês não estejam se comparando o tempo todo.

∧∧∧∧∧∧∧∧∧∧∧∧∧∧∧∧∧∧∧∧∧∧∧∧∧

APENAS CONSTRUINDO SEU PRÓPRIO ESPAÇO DENTRO DA SEGURANÇA DE UMA COMUNIDADE SEUS PONTOS FORTES E SEU POTENCIAL PODEM REALMENTE BRILHAR.

∧∧∧∧∧∧∧∧∧∧∧∧∧∧∧∧∧∧∧∧∧∧∧∧∧

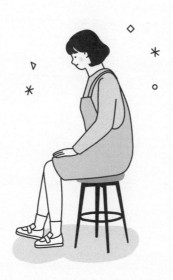

Ninguém roubou a sua felicidade.

☑ NÃO SEJA UMA PESSOA SIMPÁTICA APENAS PARA EVITAR DESAGRADAR

Quando eu era pequena, detestava tanto pessoas falsas que as desmascarava e humilhava publicamente (não digo que tenho orgulho disso). Graças a isso, tinha muitos inimigos.

Mas, na verdade, não é nada agradável pensar nas pessoas que nos odeiam, mesmo que não haja nenhuma chance de vê-las frente a frente. E eu queria me tornar uma pessoa mais gentil. Achava que, mesmo que ouvisse alguém dizer coisas ruins sobre mim, tudo ficaria bem desde que eu não reagisse. Acontece que, apesar de meus esforços, eu nunca fui o que os outros consideram uma pessoa "legal" e, em vez disso, acabei me tornando alguém que não conseguia se defender.

Por que eu achava que tinha de ser uma boa pessoa? Ainda sinto isso, até certo ponto. Quero ser boa para mim mesma, para quem está por perto, para aqueles que precisam de minha ajuda.

Mas tentar agradar todo mundo, mesmo estranhos que te julgam sem nem te conhecer, é como abrir mão do direito de se defender. Preciso ter respeito por mim mesma, e a antipatia de alguém não afeta minha vida de forma alguma. Por isso parei de me esforçar para ser gentil só por medo de desagradar.

É importante não magoar os outros, mas é direito e responsabilidade de todos se defenderem.

+

Nota para meus inimigos: Vou destruir vocês.

Acham que sou maluca? Está bem. Tenham cuidado.

Vai se danar.

Chegar a atacar é ilegal, mas a autodefesa não é.

☑ NÃO SINTA VERGONHA POR COISAS SEM MOTIVO

Quando minha mãe era criança, teve uma febre que a deixou com paralisia do nervo facial, o que eu nunca estranhei. Fui a um piquenique da escola com ela na terceira série, e uma menina disse que o rosto da minha mãe era esquisito. Vale lembrar que, quando eu era criança, era tímida a ponto de me trocar longe de todo mundo para a aula de natação do jardim de infância. Mas ouvir minha colega dizer que o rosto de minha mãe era estranho não me fez sentir vergonha. Mamãe simplesmente tinha as sequelas de uma febre — por que alguém deveria se envergonhar disso?

A amiga de uma amiga se hospedou em um spa pós-natal e uma das mulheres que estavam lá perguntou a todas quais eram os empregos dos maridos, em que tipo de casa moravam e se eram proprietárias ou locatárias. Essa intrometida passou a trocar números com apenas algumas pessoas, dependendo de suas respostas. Como é rude e grosseiro julgar estranhos dessa forma. Minha amiga, que ouviu essa história de sua colega, acabou mantendo distância das outras mulheres durante sua estadia no spa. E assim o ciclo vicioso continua. Os grosseiros são o problema, mas são suas vítimas que acabam se sentindo magoadas e ameaçadas e se isolam socialmente.

Mas por que *nós* deveríamos nos sentir envergonhados? Quem de fato deveria sentir vergonha?

Só porque algumas pessoas são desrespeitosas não significa que você deva se sentir mal no lugar delas. Mesmo que você não consiga mandá-las calar a boca, **não vamos nos envergonhar de coisas se não há motivo para isso**.

✢

Aqueles que são rápidos em rir dos outros são os mais risíveis de todos.

Em um programa de TV, quando uma cantora apontou para os seios de outra e perguntou: "E aí, são falsos?", a mulher respondeu: "Falsos ou não, o que você tem a ver com isso?".

Exato. O que você tem a ver com isso?

☑ VOCÊ NÃO PRECISA SE DAR BEM COM TODO MUNDO

Uma idosa da vizinhança foi até a casa de uma amiga minha e perguntou se ela poderia visitá-la de vez em quando. Essa amiga, que tinha dificuldade em dizer não, aceitou. Então, a neta da idosa apareceu e tentou convencer minha amiga a se converter para sua religião esquisita, e depois voltou para outras visitas com membros de seu culto.

Há pessoas em toda parte que se aproveitam da educação dos outros. Às vezes, é preciso pisar no freio em relação às boas maneiras. Mesmo que isso o faça se sentir constrangido, você precisa expressar suas necessidades, dizer não e impor seus limites. Sem dúvida, é mais fácil falar do que fazer, e eu mesma sofro um pouco com isso. Mas do que eu estaria abrindo mão para ser considerada uma "pessoa legal"? Será que o desconforto que eu receberia em troca valeria a pena?

Se ser uma pessoa legal significa ter de lidar com um nível intolerável de desconforto e abuso, é melhor ser exigente. Proteger sua paz não significa que você não seja agradável. Além disso, se alguém é bom o suficiente para ser seu amigo, ele deve respeitar seu espaço. Se a pessoa se ofende facilmente quando você estabelece limites, não é alguém a quem você deva se apegar.

Não devemos nos sentir no direito de invadir os limites dos outros e, definitivamente, não devemos permitir que os outros se sintam no direito de invadir os nossos.

∧∧∧∧∧∧∧∧∧∧∧∧∧∧∧∧∧∧∧∧∧∧∧∧∧

NÃO HÁ COMO SE DAR BEM COM TODO MUNDO. SINTO MUITO DIZER ISSO, MAS A PESSOA DE QUEM VOCÊ PRECISA CUIDAR PRIMEIRO É SEMPRE VOCÊ.

∧∧∧∧∧∧∧∧∧∧∧∧∧∧∧∧∧∧∧∧∧∧∧∧

Aqueles que se importam conosco nunca abusariam da nossa boa vontade.

APRENDA A DIFERENCIAR UMA COISA USADA DE UMA COISA ARRUINADA

Quando compro um telefone novo, fico com o coração apertado se ele sofrer um arranhão, mesmo que pequeno. Como os arranhões são inevitáveis, é melhor aceitá-los em vez de deixá-los me incomodar. Se, toda vez que um objeto fosse arranhado agíssemos como se estivesse imprestável, iríamos à falência comprando coisas novas o tempo todo.

Esse tipo de mentalidade também se aplica aos relacionamentos. Até mesmo os melhores relacionamentos passam por desgastes, e é impossível nunca se decepcionar com alguém. Se o dano for grande, é claro que é melhor se separar. Mas se continuar rejeitando as pessoas por causa dos inevitáveis atritos da vida, você ficará sozinho.

Ser perfeccionista nos relacionamentos só leva a perdas.

Tenha o cuidado de distinguir entre o desgaste normal e aquilo que um relacionamento de fato não pode suportar. Dependendo da força da relação, os arranhões podem ser facilmente superados.

Não se desfaça de um amigo bom porque você quer um amigo melhor.

☑ FAÇA O SEU MELHOR PELOS
SEUS RELACIONAMENTOS ATUAIS

Quando passei da adolescência para os vinte anos e depois para os trinta, minha lista de amigos sofreu algumas mudanças. Há amigos que nunca saíram do topo, aqueles que se distanciaram tanto que eu nem saberia como contatá-los e novos amigos com quem compartilho tudo. Pensando nas amizades que se foram ou naquelas que pareciam que resistiriam ao teste do tempo, me sinto culpada por meus fracassos. Por que eu era tão imatura? Eu agiria de forma diferente hoje?

Mas assim como eu tinha meus limites, meus amigos também tinham os seus e, como não podemos nos apegar a todos os relacionamentos que já tivemos, os mais fracos inevitavelmente se desgastam ou desaparecem. Isso não significa que sejamos pessoas ruins; o fim de uma amizade às vezes é apenas um fato da vida. Não há necessidade de se culpar por relacionamentos que não deram certo ou de se preocupar em perder os que você tem agora. Basta ser a sua melhor versão para as pessoas ao seu redor e estar aberto a fazer novas amizades.

ASSIM COMO VOCÊ PRECISA DE ALGUÉM, ALGUÉM
TAMBÉM PRECISA DE VOCÊ. É ASSIM QUE SOBREVIVEMOS
NESTE MUNDO, APESAR DE NOSSAS IMPERFEIÇÕES.

*Nem as flores de cerejeira da primavera,
nem o arco-íris depois de uma tempestade,
nem os cometas no céu duram para sempre,
portanto, aproveite-os quando acontecerem.*

✅ VÁ COM TUDO QUANDO TIVER O SINAL VERDE

Quando temos uma queda por alguém, é natural tentar interpretar a forma como essa pessoa reage ao que você faz, procurando um sinal verde, uma indicação para prosseguir. Mas até mesmo a falta de uma resposta pode ter muitas explicações:

1. Ela quebrou os dedos.
2. Você está fora de vista, ela se esqueceu.
3. Ela está ocupada com o trabalho.
4. Está esperando que você ligue primeiro.

E é bem possível que haja outros motivos para esse silêncio. Nunca é apenas uma coisa; cada situação é diferente. Nem mesmo um mestre em relacionamentos ou um lendário leitor de tarô consegue entender completamente as intenções de outra pessoa.

E se você quiser saber se tem sinal verde, então a pergunta mais apropriada não seria "O que essa pessoa pensa de mim?", mas "O que eu penso dessa pessoa?".

Se a resposta for "Eu gosto dela", então *esse* é o sinal para abordá-la.

Não ame por acaso. Faça o amor acontecer.

✓ EXPRESSE SEUS SENTIMENTOS

Recentemente, deparei com um meme sobre relacionamentos que dizia que um parceiro que nunca se irrita e sempre se mostra complacente é uma pessoa atenciosa que deu tudo de si em um relacionamento e pode sair dele sem arrependimentos. Portanto, concluía que devemos sempre fazer o melhor para sermos compreensivos.

Achei um pouco estranho. Isso era realmente ser atencioso? Quem quer estar com alguém que está sorrindo por fora mas contando os minutos até encontrar uma saída?

O ponto crucial do meu problema com esse meme é a anulação da insatisfação. Aqueles que evitam se manifestar se consolam com o fato de que podem decidir acabar com o relacionamento quando quiserem — sua única forma de demonstrar descontentamento é indo embora.

Essa falta de expressão pode parecer devoção, mas é mais um tipo de agressividade passiva — uma forma de se apresentar como vítima que está se vingando do injusto.

Esses ataques contra os injustos são justificados? Quem merece atirar a primeira pedra? Todo mundo já foi inadvertidamente cruel com alguém. Tendemos a nos lembrar mais das injustiças cometidas contra nós do que das que cometemos contra os outros, e todos temos ideias diferentes sobre o que é certo e errado.

Por isso é importante expressar nossos sentimentos. Assim como nossos carros emitem um aviso sonoro quando estamos estacionando, precisamos expressar nossa consternação quando outras pessoas se aproximam demais dos limites da nossa tolerância. O poder de romper uma conexão pessoal a qualquer momento não é sinônimo de autoestima e, enquanto fugirmos da necessidade de nos expressar, os relacionamentos sempre serão problemáticos.

^^^^^^^^^^^^^^^^^^^^^^^^^^

APRENDA A SE EXPRESSAR, A NUTRIR RELACIONAMENTOS SAUDÁVEIS E A CONSTRUIR SUA VIDA NESSES RELACIONAMENTOS.

^^^^^^^^^^^^^^^^^^^^^^^^^^

Expressar-se é difícil, e esse não é o conselho que você talvez quisesse ouvir, mas é o que precisamos aprender para encontrar a verdadeira felicidade.

Ser atencioso tem a ver com a maneira como você se expressa, e não com o fato de se expressar ou não.

☑ ENCONTRE COMPANHIA

Recentemente, surgiram vários best-sellers sobre como ser feliz sozinho. Será que eles estão certos? As pessoas podem mesmo ser felizes vivendo sozinhas?

Segundo um livro chamado *A origem da felicidade*, do dr. Eunkook M. Suh, nosso DNA é descrito como o guia de sobrevivência dos nossos ancestrais. Nossos sistemas de estresse são ativados quando fazemos coisas que não levam à sobrevivência, e nossa dopamina aumenta quando fazemos o contrário. Isso significa que não comer bem nos deixa estressados e comer bem nos deixa felizes. Tudo isso está em nosso DNA.

Quais eram as coisas mais importantes de que nossos ancestrais precisavam para sobreviver?

Com certeza eram alimentos e pessoas. Vamos voltar aos dias do dinossauro *Archaeopteryx*. Para nossos ancestrais, afastar-se do rebanho significava morte instantânea. Portanto, quando um relacionamento vai mal, o estresse é grande porque o fim do relacionamento representa uma ameaça à nossa sobrevivência. A solidão é igual à morte.

Não precisamos mais nos preocupar com a questão de onde encontrar comida — ela está ao nosso redor — e, ainda assim, isso continua sendo uma fonte significativa de estresse. Para quem está exausto com os sinais de ameaça tanto dos alimentos como dos relacionamentos, o livro sobre a solidão e nosso DNA pareceria um doce alívio.

Ele não está errado. A menos que o mundo se transforme em algo como *The Walking Dead*, não importa se alguém o odeia ou gosta de você. Quando está com fome, você tem seu cartão de crédito. Quando estiver em perigo, pode chamar a polícia. Se estiver preocupado com o futuro, ligue para a sua seguradora. É um mundo novo. Ser um solitário não é mais um problema tão grande (viva!). Com exceção de alguns feedbacks de DNA excessivamente sensíveis, não há problema em não gostar de alguém. O único problema de todas essas boas notícias é que nosso DNA não acompanhou o ritmo desse novo mundo. Como os relacionamentos foram o fator mais importante para nossa sobrevivência, nossa maior felicidade vem da construção de relacionamentos fortes, assim como nosso maior estresse vem dos conflitos interpessoais.

Pode parecer antiquado, mas, gostemos ou não, somos mais felizes quando estamos com alguém. Isso não é uma questão de literatura, mas de psicologia evolutiva; não de sentimento, mas de instinto.

Portanto, não escolha o caminho mais difícil só porque você já sofreu antes. Encontre alguém que fale a sua língua. Não há necessidade de deixar de comer por causa de uma intoxicação alimentar ou de se enclausurar só porque conheceu uma pessoa ruim. O importante é evitar alimentos estragados e se afastar de gente má.

Encontre um amigo que possa entendê-lo e respeitá-lo, não importa a sua situação, alguém que não te ridicularize por suas imperfeições. E, depois que encontrar, seja também essa pessoa para ele. Esse é o melhor remédio contra ansiedade e o caminho mais confiável para a felicidade.

+

O que você precisa do seu amigo que está atrasado não é uma desculpa, mas um pedido de desculpas. O que você precisa para conversar com o seu crush não é um sinal mágico, mas coragem. E o que você precisa quando está solitário não é o poder de resistir à solidão, mas um verdadeiro companheiro.

*Ei, amigo, quando a vida era difícil
e o inesperado acontecia, o que me ajudava
a superar aqueles momentos que eu não conseguia
explicar — ou não queria — não eram gestos
grandiosos, mas sua empatia tranquila.*

PARTE 5

Guia para um mundo melhor

Cada país tem o governo que merece.

JOSEPH DE MAISTRE

✅ NÃO SE PONHA PARA BAIXO

Em um programa na TV, um jovem na plateia disse para a mãe, diante das câmeras: "Mãe, um dia eu vou comprar uma Mercedes-Benz para você", e a mãe olhou para ele com um sorriso satisfeito. Claro, é um gesto bonito. Mas talvez eu seja um pouco perversa por achar isso triste. Lamento dizer, mas as chances de esse garoto comprar uma Mercedes-Benz para a mãe são mínimas. Não por causa de qualquer falha que ele venha a cometer, mas porque as chances econômicas estão contra ele.

Dizem que no momento em que o cordão umbilical surge a criança começa a sugar o dinheiro dos pais. A educação é cara, pois as escolas são muito competitivas. A mensalidade da faculdade continua subindo, e o custo da hospedagem e da alimentação aumenta muito todo mês.

É claro que algumas famílias se saem melhor do que outras, mas a maioria das crianças tem uma dívida astronômica com os pais quando sai de casa. É por isso que eles dizem coisas desse tipo. Depois de sobrecarregá-los, parece que um carro de luxo é a única forma de compensar tanto esforço.

O problema está no desafio que é pagar essa dívida. O desemprego é alto. As pessoas entram no mercado de trabalho cada vez mais tarde. Apenas 5% dos que se candidatam conseguem empregos em conglomerados chaebol (mesmo assim, as Mercedes estão fora de questão) e, quanto ao restante, estarão empregados, mas com dificuldades financeiras. Seria impossível para um casal se casar e arcar com o aluguel sem um empréstimo de um banco ou dos pais.

Quando o casal tem filhos, o ciclo recomeça, e nesse ciclo nunca chega o dia em que você pode comprar a Mercedes prometida.

O que piora essa situação é o fato de ter se tornado um tabu dizer qualquer coisa que possa prejudicar os sonhos e o potencial de nossas crianças. Apesar da necessidade de encarar a realidade em busca de soluções viáveis, tudo o que nos permitimos dizer é uma fantasia de sucesso para uma minoria de crianças. No final, muitas delas crescem com um sentimento de perda e desespero porque entraram no mundo cheias de sonhos, mas tudo o que podem pagar são resíduos.

E elas não fizeram nada de errado.

Os verdadeiros culpados são o alto custo de vida e da educação e a falta de empregos que paguem bem o suficiente — tudo isso está, em grande parte, fora do nosso alcance. Vivemos em uma sociedade que nos obriga a contrair dívidas antes mesmo de crescermos, que não apresenta uma maneira de pagar essa dívida e nos faz sentir culpados por nossas próprias deficiências imaginárias.

Se você também sofre de sentimentos de culpa e frustração, deve pelo menos entender como se tornou um devedor. Embora esse conhecimento não pague suas dívidas, ao menos o ajudará a não se culpar. Uma sociedade que cria devedores a partir de pessoas comuns é uma sociedade doente.

^^^^^^^^^^^^^^^^^^^^^^^^^

**SUA DÍVIDA NÃO É O RESULTADO
DE UMA VIDA ERRADA.**

^^^^^^^^^^^^^^^^^^^^^^^^^

Sinto muito por ser comum.

(Você não fez nada de errado.)

☑ QUANDO PRECISAR, AGUENTE FIRME

Uma colega de trabalho do meu primeiro emprego, de quem ainda sou amiga, é diligente e educada. Mas não suporta quando seus superiores a tratam como se ela fosse dispensável.

Certa vez, o chefe dela fez uma grande demonstração ao lhe dar um pequeno bônus e, quando ela não se mostrou suficientemente grata, ele disse: "Devo pegar de volta?". Minha amiga ficou tão irritada que devolveu o dinheiro junto com sua carta de demissão. A empresa implorou para que ela ficasse.

Pelo que ouvi, ele não era fácil de lidar. Quem brincaria com uma coisa dessas? De qualquer forma, eu disse à minha amiga para não pedir demissão. E quem sou eu para dizer isso a ela?

Certa vez, um dos meus chefes exagerou o número de pessoas que haviam se candidatado a um novo cargo e me disse: "Há muitos outros designers por aí, tome cuidado", dando a entender que eu era substituível. Então eu disse: "Quer saber, por que não me demito? Assim, você poderá escolher *duas* pessoas". É claro que eu era mais jovem na época e dava conta de tanto trabalho que eles não poderiam me demitir, mas minha amiga estava no mesmo tipo de situação. Ainda assim, eu disse a ela que não se apressasse tanto em pedir as contas, que ela deveria fazer isso apenas quando fosse absolutamente necessário. Mesmo que esse chefe fosse tão horrível a ponto de fazer pouco do salário dela e esperar que ela se mostrasse grata pelo osso que ele jogava de vez em quando. Demitir-se por causa dele seria lhe dar muito mais poder. E ele não vale tanto assim na vida dela, certo?

Não há razão para perdoá-los ou sorrir para eles, e você precisará encontrar uma maneira de lidar com a grosseria; ainda assim, se você precisa estar onde está agora, aguente firme.

VOCÊ TOMA SUAS PRÓPRIAS DECISÕES, E NÃO É VERGONHOSO SUPORTAR UM TRABALHO DIFÍCIL. É UMA QUESTÃO DE PRIORIZAR SUA VIDA EM VEZ DE PESSOAS RUINS.

☑ MUDANÇAS REAIS LEVAM TEMPO

O sociólogo Nho Myung-woo, da Universidade de Ajou, diz que, embora o mundo pareça estar mudando depressa, na verdade está mudando muito *devagar*. É como uma pessoa clinicamente obesa que, após três meses de exercícios extremos, reduz seu peso a níveis saudáveis, mas tem dificuldade em mantê-lo sem grande esforço porque seu metabolismo ainda não se ajustou.

Nossos corpos, problemas pessoais e questões sociais não mudam imediatamente, e as mudanças nunca são para sempre. Da mesma forma que a manutenção e a vigilância são fundamentais para evitar o efeito ioiô, você precisa de tempo e esforço contínuo para realizar mudanças reais, ainda que isso signifique ter de voltar atrás ou sentir que está correndo no mesmo lugar. É assim que as coisas são.

**A MANEIRA MAIS IMPORTANTE DE FAZER
MUDANÇAS SIGNIFICATIVAS É SER PACIENTE.**

COMO PREVENIR A CICATRIZ DEPOIS DE UMA QUEIMADURA

Não há outra maneira.

A melhor forma de tratar uma ferida
é curá-la um pouco todos os dias.

☑ DE VEZ EM QUANDO, FIQUE NEUTRO

Sempre fui mais uma espectadora na internet, mas houve um tempo em que desejei fazer parte de uma comunidade de pessoas com a mesma opinião que a minha. Minhas convicções políticas eram mais fortes naquela época, então entrei em uma dessas comunidades. Eu concordava com cerca de 90% das opiniões compartilhadas lá, o que foi uma experiência divertida. O problema era com os 10% com os quais eu não concordava; sempre que eu tentava escrever sobre o assunto, havia um monte de gente. A maioria deles me acusava da mesma coisa: eu era uma espiã que estava lá para "provocar" o grupo e semear a discórdia.

E assim minha primeira e última participação em uma comunidade on-line terminou abruptamente e eu me questionei. Todos aprendemos na escola que precisamos nos interessar por questões sociais e que a participação é fundamental para uma democracia saudável, mas por que, apesar de tanto interesse e participação, parece que o mundo não está melhorando?

O problema não está no quanto estamos participando, mas em como. Quando tomar partido se torna mais importante do que buscar um consenso, o discurso se transforma em um teste de pureza. Mesmo quando há concordância em nove de cada dez questões, a única discordância torna o dissidente um elemento impuro que precisa ser removido. Repita o processo até que reste apenas o "nosso lado" — as pessoas que concordam em todas as dez questões.

No passado, uma família se reunia em torno de uma televisão com apenas alguns canais e ia para a escola ou para o trabalho falando sobre as notícias ou os programas que haviam assistido na noite anterior. Agora, todos obtêm informações de diferentes fontes. O algoritmo do YouTube mostra o que você quer ver e, quanto mais extremo e unilateral for o conteúdo, mais engajamento ele terá. Naturalmente, perdemos a noção de consenso social, e nosso cenário político se tornou mais fragmentado do que nunca.

É por isso que, agora, encontrar alguém que tenha opiniões políticas diferentes é como encontrar uma pessoa louca. As outras pessoas parecem ignorantes e rudes, ou inimigos a serem combatidos em uma batalha do bem contra o mal. A Coreia, por exemplo, já está dividida em Norte e Sul; quantas divisões ainda podemos suportar?

Sem mencionar que não estamos exatamente vivendo no universo estendido de *Star Wars*, onde a divisão entre o bem e o mal é um pouco mais óbvia. Na *nossa* galáxia, o mal às vezes é disfarçado de bem, e as boas intenções nem sempre garantem bons resultados. Na maioria das organizações e indivíduos, o bem e o mal coexistem. O mundo é simplesmente complexo demais para que sempre se fique de um lado ou de outro.

Mas você não consegue perceber isso se estiver preocupado em tomar partido sobre tudo o tempo todo. Cada pequena falha do outro lado pareceria maliciosa, enquanto uma falha do seu próprio lado pareceria um mero erro ou descuido. Tudo isso seria apenas uma distração para não lidar com os problemas maiores que devemos enfrentar.

182

Muitas vezes, não há nada mais desprezível do que a neutralidade, mas o que devemos fazer? Um dos nossos maiores obstáculos atuais é a polarização. Precisamos passar disso para encontrarmos um meio do caminho. Só assim poderemos expressar nossos pensamentos sem acabar odiando uns aos outros.

Precisamos de uma alternativa para essa briga tóxica. Precisamos de persuasão em vez de insultos.

APENAS UMA MENTALIDADE NEUTRA PODE SUPERAR O GRANDE OBSTÁCULO QUE É O CONFLITO QUE ESTAMOS ENFRENTANDO E NOS LEVARÁ PARA UM FUTURO MELHOR.

Tente olhar as coisas por outros ângulos.

☑ CRIE POSSIBILIDADES PARA A ESPERANÇA

Hoje em dia, é difícil falar sobre esperança de forma séria. A falsa esperança pode ser tóxica. Na Coreia existe uma coisa chamada "tortura da esperança", na qual a falsa esperança é usada para torturar as pessoas e fazê-las esperar por algo que nunca chega.

O exemplo a seguir é um tanto problemático, embora útil. Durante a Guerra do Vietnã, muitos prisioneiros de guerra americanos morreram porque não conseguiram suportar o encarceramento. E, de acordo com o almirante James Stockdale, ex-prisioneiro de guerra e candidato à vice-presidência dos Estados Unidos, os que morreram primeiro foram os otimistas. Eles acreditavam que seriam libertados antes do Natal e, depois do Natal, na Páscoa e, depois da Páscoa, no Dia de Ação de Graças. No Natal seguinte, estavam mortos. Foi a esperança que os matou? Não exatamente, porque eles não se apegavam à esperança, mas ao otimismo sem fundamento, que é mais uma forma de escapismo.

Seria melhor ser pessimista e não esperar nada? Essa também não é a resposta. Porque os próximos a morrer foram os pessimistas. Então, qual é a resposta?

Quando foi prisioneiro, Stockdale enfrentou a realidade e fez o que pôde. Ele se feriu esmagando a cabeça contra uma cadeira, de modo que o inimigo não fosse capaz de filmá-lo e usar as imagens em seu material de propaganda sobre como tratavam os prisioneiros. Ele manteve o controle da maneira que conseguiu: criando um sistema interno de comunicação para diminuir a sensação de isolamento entre os prisioneiros. Acabou suportando sete anos nessas condições graças ao poder de sua própria mente.

No passado, a Coreia estava repleta de otimistas. Eles previam altas na economia e, após lerem livros de finanças pessoais, estavam convencidos de que logo ficariam ricos. Mas a realidade não era tão propensa a mudanças. O antigo ditado de infância de que o esforço sempre traz recompensa se transformou na máxima de que o esforço só compensa às vezes, e nosso otimismo constantemente se transformava em decepção. Assim, a esperança assumiu seu lugar atual em nossa sociedade como uma ferramenta de tortura.

É verdade: a esperança divorciada da realidade é apenas ópio. Mas será que podemos viver sem ela? Precisamos nos agarrar à esperança, embora com os pés firmemente plantados na realidade.

Assim como não se pode esperar perder peso fazendo cinco grandes refeições por dia, é preciso encontrar uma maneira de ter esperança se é isso que você quer. Depois de refletir sobre o assunto, prepare-se para algumas decepções ao longo do caminho.

O QUE VOCÊ PRECISA FAZER NÃO É ESPERAR OU SE DESESPERAR, MAS CRIAR UMA BASE PARA A ESPERANÇA.

Esperar o melhor e se preparar para o pior.

Onde há vontade há um caminho.

Deus ajuda quem cedo madruga.

Para pegar um leão é preciso entrar na cova dos leões.

A esperança é sempre relativa.

☑ SEJA GENEROSO

Costumo ajudar muitos desconhecidos. Mostro aos idosos qual metrô pegar, até mesmo escrevendo as direções para eles depois de consultá-las no meu telefone. Se percebo que uma mulher está sendo seguida, digo a ela para pegar outro caminho.

O motivo pelo qual me tornei tão disposta a ajudar foi minha experiência como mochileira. Consegui terminar minha viagem apesar de meu telefone ter quebrado, da barreira do idioma e da falta de familiaridade com o ambiente, tudo graças à bondade de estranhos. Na Coreia, não enfrento esses desafios. Sei como as coisas funcionam, sou saudável e falo coreano.

Eu não sabia como as pessoas sem meus privilégios poderiam usar minha ajuda até estar em uma situação em que precisei de apoio.

Minha mãe me diz que eu poderia me arrepender por acudir desconhecidos porque eles poderiam me ferir. Costumo dizer para ela: quando você for mais velha, alguém como eu vai ajudá-la.

Se os outros sempre o ignorarem quando você precisar de ajuda, você fechará seu coração para eles e deixará de pedir apoio. Não quero viver em um mundo onde ninguém ajuda ninguém e somos todos abandonados à própria sorte.

189

O que eu preciso na vida é de cuidado e preocupação, não de desconfiança. Ainda acredito na bondade das pessoas.

QUERO SER A PROVA DE QUE O MUNDO AINDA APRECIA A GENEROSIDADE E QUERO ME APEGAR À CRENÇA DE QUE, QUANDO EU PRECISAR, ALGUÉM ME ESTENDERÁ A MÃO.

Por favor, reproduza a generosidade que recebeu.

☑ NÃO PARTICIPE DE JOGOS VORAZES

O recente escândalo de traição de um ator de Hollywood trouxe à tona muitos fãs incrédulos que correram para defendê-lo. Eles não acreditaram na história, não por acharem que ele era um modelo de virtude, mas porque *certamente* ele nunca se rebaixaria a ter relações sexuais com uma babá.

Podemos nos revoltar contra a discriminação e exigir igualdade, mas, com muita frequência, isso significa apenas que *nós* não queremos ser menosprezados — e não que não devemos menosprezar os outros.

Até que ponto somos preconceituosos? Certa vez, cometi o erro de olhar a seção de comentários de um artigo de jornal. Uma pessoa propôs que o governo poderia reduzir o desemprego entre os jovens fechando as universidades provinciais que dão acesso ao ensino superior para as populações rurais. Já é chocante o fato de alguém dizer publicamente algo tão classista, mas ainda mais chocante é o fato de esse comentário ter ganho destaque, sendo o mais curtido.

Isso me fez pensar no filme *Jogos vorazes*, a história distópica em que 24 tributos lutam entre si até a morte. Na obra, o governo ficcional criou os jogos para gerar medo, e foi longe a ponto de transmiti-los ao vivo em rede nacional.

193

Os jogos justificam a morte de 23 crianças ao premiar um vencedor com riquezas e fama. Os jogadores formam alianças rapidamente e visam eliminar primeiro os mais fracos. Essa estratégia permite que os mais fortes permaneçam a salvo por um momento. Mas apenas um sobreviverá no final e, assim como os mais fracos são eliminados, os mais fortes também são. A história é uma alegoria do neoliberalismo do tipo "o-vencedor-leva-tudo".

Como no filme, os mais fortes da nossa sociedade podem se sentir seguros por um breve período, enquanto os mais fracos são empurrados de um penhasco. Mas, a menos que paremos de empurrar as pessoas, ninguém estará a salvo de ter o mesmo destino.

Algumas pessoas dizem que a mudança política é o único caminho para um mundo melhor. Definitivamente, precisamos de mais transparência e justiça na política. Mas para conseguir isso, primeiro precisamos nos unir em solidariedade e refletir mais a fundo sobre questões sistêmicas.

Garantimos nossa segurança não tentando eliminar uns aos outros, mas protegendo uns aos outros. Chega de discriminação e competição.

A MENOS QUE VOCÊ PARE DE ALIMENTAR ESSE JOGO CRUEL DE COMPETIÇÃO, A PRÓXIMA PESSOA A PERDER SERÁ VOCÊ.

UM NOVO JOGO.

Por favor, pare.
Ou vamos todos morrer.

☑ NÃO SE TORNE UMA PESSOA FRACA

Certa vez, fiz uma viagem de dois dias com um amigo para uma região diferente do país. Estávamos passando por um bairro onde eu nunca tinha pisado. Lembro que olhei para os apartamentos e pensei: "Devem ser caros". Como eu sabia? Era bastante simples. Os prédios eram novos e próximos ao centro da cidade, e tinham sido construídos por uma famosa empresa do ramo imobiliário. Apenas algumas pistas como essas foram o bastante para que eu presumisse o valor dos apartamentos.

Há algum tempo, deparei com uma publicação viral intitulada "Indicadores de classe na República da Coreia". Ela dividia o sistema de classes coreano por renda, bens, marca do carro, faculdade, passatempos e outros detalhes bem específicos. Já estamos acostumados com os memes sobre diferenças de classe, mas essa publicação era muito mais precisa do que isso.

Aquilo me deixou triste. Desde que Adão e Eva foram expulsos do Éden, a sociedade foi dividida entre os que têm e os que não têm. Nunca estivemos livres de hierarquia ou classes.

A questão com a Coreia moderna, no entanto, é que nossos problemas sociais são um pouco óbvios demais. Tornou-se uma questão difícil de contornar. Assim como o aumento do número de pixels em uma imagem a torna muito mais nítida, nossas diferenças socioeconômicas também estão se tornando mais difíceis de ignorar à medida que nos tornamos mais informados. É muito fácil saber o quanto alguém é rico e qual é a nossa situação financeira, o que nos deixa com um sentimento de inferioridade ou com o desejo incessante de subir na hierarquia social.

Mas bens, carros e aparências são apenas coisas externas. Nossa essência como pessoas depende do nosso interior, não do exterior. E com todo esse julgamento da aparência, nossa essência sofre e se enfraquece. O psiquiatra Jung Hye-shin adverte que quanto mais fracos nos tornamos como seres humanos, mais propensos ficamos a pôr em risco nossa saúde mental.

Quanto mais tentamos superar uns aos outros na guerra das aparências e quanto mais tentamos viver de acordo com o escrutínio e as expectativas alheias, mais perdemos nossa própria luz e ficamos doentes por dentro. É claro que nunca poderemos ignorar completamente o fato de que nossas diferenças são cada vez mais evidentes, mas devemos de fato fazer um esforço para nos concentrarmos em nós mesmos como pessoas. Precisamos nos tornar íntimos daquela parte única de nós mesmos que não tem nada a ver com classe econômica ou status social.

COMO TODOS OS GRANDES FILÓSOFOS AO LONGO DOS TEMPOS JÁ DISSERAM, NOSSO OBJETIVO FINAL É ALCANÇADO QUANDO MUDAMOS O FOCO DAS DISTRAÇÕES QUE NOS CERCAM PARA O NOSSO VERDADEIRO EU INTERIOR.

Não é isso que ele está falando.

PERGUNTE-SE O QUE SIGNIFICA SER HUMANO

Certa vez, li uma matéria sobre uma funcionária de um complexo de apartamentos que reteve um grupo de crianças que havia entrado no playground. Ela argumentou que crianças brincando no playground de outra pessoa constituía uma forma de roubo e destratou as crianças, chamou a polícia e, além disso, recusou-se a pedir desculpas aos pais, dizendo que suas ações eram justificadas.

Existe um espaço para a discordância na simples ideia de que um playground pertence apenas às pessoas que moram ao redor dele e que qualquer criança de fora que brinque ali está invadindo o local. Mas chamar a polícia é outra história. Por que essa pessoa não parou para pensar em como isso poderia abalar ou até traumatizar as crianças? A questão não é sobre o que está na lei. Devemos nos fazer uma pergunta mais fundamental: O que significa ser humano?

Qualquer discurso grandioso sobre a humanidade tende a ser visto como ingênuo ou até mesmo hipócrita. Mas será que podemos deixar de fazer essa pergunta? Será que podemos ser verdadeiramente felizes sem saber a resposta ou, ao menos, sem buscá-la?

Sou uma pessoa com muitos defeitos. Estou longe de fazer a escolha certa todas as vezes, e há dias em que me sinto envergonhada com o meu comportamento.

APESAR DE MINHAS FALHAS, CONTINUAREI
A ME PERGUNTAR O QUE SIGNIFICA SER HUMANO
E NUNCA ESQUECEREI O VALOR DE MELHORAR,
E SEMPRE TENTAREI ENCONTRAR UMA MANEIRA
DE TRABALHAR COM OUTRAS PESSOAS.

Porque é isso que significa ser humano para mim.

É possível saber que tipo de pessoa alguém é não pelo que ela tem, mas pelo que lhe causa vergonha — ou não.

☑ TORNE-SE UMA ALMA PERDIDA

No filme *Sociedade dos poetas mortos*, há um personagem chamado Neil que cresce sob imensa pressão para se tornar médico, mas acaba sendo escalado como o protagonista da peça *Sonho de uma noite de verão*. Embora Neil esteja vivendo um dos melhores momentos de sua vida, mergulhado em seu talento e seus interesses, seu pai ordena que ele abandone os ensaios e se concentre nos estudos ou o tirará da escola. Neil se revolta contra isso, mas ao ver a tristeza e o desespero estampados no rosto da mãe ele cede. O semblante de Neil se abate, com a impotência e o desânimo claramente notáveis em seu olhar. Na noite seguinte, ele tira a própria vida usando a pistola do pai. Quando a vida em que você nasceu é insuportável e a vida que você quer está fora do alcance, o desespero é a única coisa que resta.

O psiquiatra Kim Hyun Chul fala da Hungria, do Japão e da Coreia como países onde "não é permitido perambular". Há outra coisa que esses três países têm em comum: a alta taxa de suicídio.

Acreditamos que experimentar coisas diferentes arruína a vida de uma pessoa; é um tabu. Até chamamos os jovens rebeldes de "perdidos". Ir para a faculdade, encontrar um emprego, casar-se, ter filhos, comprar uma casa — tudo isso precisa ser alcançado no prazo, sem um momento para olhar ao redor ou se perder. Caso contrário, a pessoa enfrentará uma vida inteira de críticas e isolamento social, a começar por seus pais decepcionados.

Graças a isso, a Coreia agora tem a maior taxa de suicídio e a menor taxa de natalidade do mundo desenvolvido. O que essas duas estatísticas têm em comum é que mostram como desistimos dos dois principais imperativos da vida — sobreviver e reproduzir — e como achamos esse lugar inabitável. Nossa sociedade nos julga de acordo com o cumprimento de estágios prescritos no tempo certo — mesmo o menor atraso nesse cronograma arbitrário pode deixá-lo mortalmente ansioso. Já passamos por momentos muito mais difíceis como país, e há muitos lugares em situações muito piores do que a nossa — o que pode fazer parecer que estamos reclamando de barriga cheia. O que realmente tememos não é cair na pobreza, mas ficarmos isolados e sermos socialmente desrespeitados. Não são os indicadores econômicos de bem-estar, mas as hipocrisias da nossa sociedade que nos deixam aflitos e nos desesperam.

Muita gente considera os países do norte da Europa os mais felizes. Mas, de acordo com Leo Bormans, essa felicidade não se deve necessariamente à alta renda ou a melhores sistemas de bem-estar, mas às liberdades sociais, à confiança e a uma cultura que respeita diferentes vocações e desejos.

Nosso país é o exato oposto. Não temos liberdade, o mesmo estilo de vida é imposto a todos e não há confiança. Como seria libertador se fôssemos respeitados por qualquer vida que vivêssemos e por quem escolhêssemos nos tornar.

A liberdade de se permitir divagações, de explorar e de ser generoso com aqueles que têm curiosidade e olham ao redor é tão crucial para a felicidade quanto um sistema de bem-estar social forte. Isso não é uma teoria acadêmica, mas uma chave para a felicidade — talvez a mais importante.

∧∧∧∧∧∧∧∧∧∧∧∧∧∧∧∧∧∧∧∧∧∧∧∧∧∧

**TOLERÂNCIA E GENEROSIDADE SÃO
A VERDADEIRA SOLUÇÃO PARA A INFELICIDADE.**

∧∧∧∧∧∧∧∧∧∧∧∧∧∧∧∧∧∧∧∧∧∧∧∧∧∧

Vamos parar de ser infelizes juntos.

PARTE 6

Guia para uma vida boa e com propósito

A felicidade vem da capacidade de sentir profundamente, de desfrutar com simplicidade, de pensar livremente, de arriscar a vida, de ser necessário.

STORM JAMESON

☑ NÃO FAÇA DA FELICIDADE SEU OBJETIVO DE VIDA

Quando eu estava no ensino médio, tivemos que fazer uma apresentação chamada *Qual é o propósito da vida?* Não lembro qual foi a minha resposta, mas recordo que muitos de meus colegas fizeram suas apresentações sobre a felicidade. Mesmo na idade adulta, acredito que a maioria das pessoas indicaria a felicidade como seu objetivo final na vida.

Acontece que os seres humanos não são criaturas românticas que nasceram para ser felizes. Se fomos colocados na Terra com esse objetivo, por que apenas uma das nossas emoções primordiais como a alegria, a raiva, o ódio, a tristeza e a surpresa é positiva? E não precisamos nos aprofundar nos ensinamentos de Buda ou de Arthur Schopenhauer para provar que a vida não é um morango.

Quando as pessoas promovem esse propósito e fingem que uma existência perfeitamente feliz é possível, fazem com que as pessoas infelizes sintam que fracassaram. É essa atitude que incentiva as pessoas infelizes a fingir felicidade e a reprimir sua tristeza de forma doentia.

Mas a tristeza é uma emoção natural. Se você eliminar os banheiros do Palácio de Versalhes só porque não são bonitos, não se surpreenda se as pessoas defecarem em público e até, bem, pisarem na sujeira de vez em quando.

É melhor ficar triste de vez em quando. Assim como o excesso de dias quentes pode trazer seca, precisamos das chuvas de tristeza para o nosso crescimento pessoal. Devemos buscar ser felizes, é claro, e desejo sinceramente sua felicidade. Mas o objetivo da vida sempre será a própria vida, não a felicidade.

✢

Alguém que é feliz seis ou sete em cada dez vezes pode ser considerado uma pessoa feliz. Mas alguém que tenta ser feliz dez em cada dez vezes? É simplesmente obcecado.

*Se fôssemos mesmo felizes como parecemos,
a Terra seria o paraíso.*

#provadefelicidade   #quediamaravilhoso   #felizdemais

✅ VIVA COM LEVEZA

A primeira vez que viajei sozinha foi em um mochilão de um mês, e eu estava tão ansiosa que enchi a mala de coisas. Levei três livros e dois tipos de modeladores de cachos. Na terceira semana, o cansaço de arrastar aquela bagagem lotada me fez detestar tudo relacionado a viagens. Enquanto estava sentada no aeroporto esperando meu próximo voo, refiz minha bolsa com apenas o essencial e joguei todo o resto no lixo. Apesar de algumas preocupações de que precisaria daquelas coisas mais tarde, meu fardo ficou mais leve — tanto no sentido literal como no figurado.

Uma amiga que conheci nesse percurso estava viajando há um ano e meio e tudo que tinha era uma mochila. Ela levava apenas as coisas importantes e comprava o que faltava onde estivesse. Se suas roupas se estragassem, ela comprava o que precisava e jogava fora as roupas velhas. Segundo ela, isso fazia parte da diversão de viajar. Podemos fazer um monte de malas porque ficamos ansiosos para ter tudo de que possamos vir a precisar, mas, no final, não precisamos de tanta coisa assim. Talvez seja necessário comprar alguns itens de necessidade básica aqui e ali, mas esse pequeno incômodo é preferível a ter que carregar uma tonelada de coisas.

A vida é como uma longa viagem. Você precisa andar com pouca bagagem para não se cansar. Se quiser se sentir mais leve, olhe para o que está carregando e tenha coragem de jogar algumas coisas fora. Pode ser qualquer coisa — desde itens que você nunca usou na viagem, preocupações com fatos que nem sequer aconteceram, desejos que tornam a vida desnecessariamente pesada, vergonha quando você não fez nada de errado, relacionamentos que só o esgotam.

JOGUE TUDO FORA. ISSO VAI LIBERTAR VOCÊ.

Se quiser viver livremente, jogue fora tudo sem o qual você pode viver.

Tolstói

Por favor, descarte o que não for
necessário na lixeira apropriada.

☑ ADICIONE VARIEDADE

No filme *Oldboy*, o personagem Lee Woo-jin tranca Oh Dae-su em uma cela e o obriga a comer apenas dumplings fritos por quinze anos. Por que Woo-jin fez isso? Ele poderia ter posto Dae-su para trabalhar ou ocasionalmente lhe dar bolinhos cozidos no vapor em vez de fritos. Mas um amigo me disse para imaginar um hamster correndo em sua roda, vivendo da mesma forma e no mesmo lugar durante toda a vida. Será que esse hamster teria a noção do tempo? Uma vida em que todos os dias são iguais pareceria se passar em um único instante. Ao prender Dae-su no mesmo regime diário, Woo-jin tomou quinze anos de sua vida.

Em um ensaio intitulado "Long-Lifer", o poeta Pi Chundeuk escreveu: "Uma pessoa que viveu dia após dia como uma máquina pode bater os oitenta anos e ainda assim ter tido uma vida muito curta". Viver da mesma maneira todos os dias é o mesmo que jogar fora as infinitas possibilidades que existem e desperdiçar a si mesmo. Portanto, vá ver o mar nos finais de semana, faça um caminho diferente para casa depois do trabalho, conheça novas pessoas ou se permita algo que nunca tentou antes. Deixe de lado sua rotina e procure se surpreender.

^^^^^^^^^^^^^^^^^^^^^^^^^^

A MELHOR MANEIRA DE TER UMA VIDA LONGA NÃO É VIVER ALÉM DOS OITENTA ANOS, MAS BUSCAR O MAIOR NÚMERO POSSÍVEL DE NOVAS EXPERIÊNCIAS.

^^^^^^^^^^^^^^^^^^^^^^^^^^

Mude o algoritmo da sua vida.

TENTE NÃO SE TORNAR UM CASCA-GROSSA

Certa vez, fui a um zoológico na Austrália. Enquanto me maravilhava com a imensidão e a beleza natural do local, uma manada do que pareciam ser modelos da Abercrombie & Fitch passou por mim. Na Coreia, os zoológicos são mais para famílias com crianças, mas na Austrália, são apenas mais um lugar para os jovens passearem. Uma australiana com quem fiz amizade naquela viagem me disse que seu hobby era observar pássaros. Literalmente, observar pássaros. Sei que apreciar pássaros é popular em muitos lugares, mas na Coreia é algo inédito.

Uma amiga coreana me contou sobre um adolescente australiano que ela conhecia e que sempre entrava em êxtase quando o assunto era o Natal. Ele esperava ansioso pela chegada dessa data, falando sobre a quantidade de comida que sua avó fazia e como toda a família sempre se divertia junta.

Eu não deveria generalizar, mas muitos australianos parecem gostar de estar na natureza e passar tempo com suas famílias. Já os coreanos passam as férias entre os familiares em grande parte por obrigação, e o Natal é apenas um dia para tentar não se sentir triste e sozinho em casa.

Nosso país era um dos mais pobres do mundo no final da Guerra da Coreia e, como população, tomamos a decisão coletiva de nunca olhar para trás e continuar avançando. Como resultado, conseguimos alcançar um crescimento econômico incrível em tempo recorde. O título em coreano do livro *Korea: The Impossible Country*, de Daniel Tudor, é traduzido literalmente como *País dos milagres, país da alegria perdida*. Parece que perdemos o contato com as alegrias e os prazeres do dia a dia em prol do nosso milagre econômico.

Nós endurecemos em meio à competição desumanizadora, onde nossas emoções se tornaram um peso a ser suportado. Por estarmos tão dessensibilizados, buscamos estímulos maiores e mais imediatos e nos condicionamos a aceitar a bebida e o consumismo como o prazer supremo. Só que depois de nos valermos dessas indulgências fáceis e caras nossa vida parece ainda mais entediante e nos sentimos ainda mais desamparados.

Se quiser se reconectar com os prazeres da vida, procure entrar em sintonia com as pequenas alegrias do seu jardim e apreciar os ritmos naturais da natureza.

Precisamos aprender, o mais cedo possível, a encontrar prazer em atividades simples que não custam caro. Isso não significa ser pão-duro ou viver de forma miserável, mas encontrar a felicidade de uma maneira mais simples e a qualquer momento.

Encontre alegria em sua vida atual e cotidiana.

AGORA É O MOMENTO DE USAR SUA CRIATIVIDADE E IMAGINAÇÃO EM NOME DO SEU BEM-ESTAR.

A ÚNICA COISA QUE VOCÊ PODE CONTROLAR É SUA PRÓPRIA FELICIDADE

Minha irmã mais nova nasceu alguns bons anos depois de mim, e foi uma espécie de projeto final para meus pais. Minha mãe sempre diz que só será feliz quando minha irmã tiver se estabelecido na vida. Tenho certeza de que todos os pais se sentem assim, mas não deixo de achar isso triste. Quero que minha mãe seja feliz por conta própria, que sua felicidade esteja sob seu controle, não importa a felicidade da minha irmã. Em vez disso, é como se ela tivesse deixado sua felicidade do lado de fora e esperasse alguém tocar a campainha para que enfim pudesse abrir a porta e reivindicá-la.

E como minha irmã se sente em relação a isso? A infelicidade dela se torna a infelicidade dos nossos pais. Já é difícil encontrar a própria alegria, e quando ela não consegue ainda se sente culpada por seu fracasso impedir que nossos pais sejam felizes. Quando nos preocupamos sempre com o bem-estar uns dos outros, ninguém é feliz.

Como podemos quebrar esse ciclo? Mesmo que a origem do problema esteja no cuidado que temos uns com os outros, em última análise, precisamos aceitar o fato de que cada indivíduo deve cuidar da própria alegria.

Falamos com frequência sobre como fazer as pessoas que amamos felizes, mas, a menos que você seja algum tipo de guardião emocional, nunca poderá garantir que alguém esteja sempre feliz, assim como ninguém poderá garantir o mesmo para você. A alegria dos outros está fora do nosso controle, e todos são responsáveis por sua própria felicidade. Portanto, não negligencie a sua.

^^^^^^^^^^^^^^^^^^^^^^^^^^^

POR MAIS QUE AMEMOS E NOS PREOCUPEMOS UNS COM OS OUTROS, EM ÚLTIMA ANÁLISE SOMOS RESPONSÁVEIS POR NOSSA PRÓPRIA FELICIDADE. POR FAVOR, SEJA FELIZ POR CONTA PRÓPRIA.

^^^^^^^^^^^^^^^^^^^^^^^^^^^

Trabalhei duro, superei as dificuldades e vivi de acordo com minha consciência. Tenho o direito à felicidade. Todos nós temos.

☑ PENSE NO QUE VOCÊ CONQUISTOU

Volta e meia vejo pessoas insatisfeitas com seu emprego, não importa qual seja. O chefe é uma bagunça, ou então eles são mal pagos, ou não há futuro naquela empresa — a ladainha é interminável.

Elas parecem sonhar com um paraíso, mas, infelizmente, não existe um emprego perfeito — um lugar onde você é valorizado, se diverte, tem um chefe razoável, é bem remunerado e vislumbra um caminho para o futuro.

Fazemos a maioria das nossas escolhas a partir de uma seleção limitada. Não é possível comprar uma vida como se estivéssemos em uma loja. Mais importante do que a resposta à pergunta "O que estou ganhando com isso?" é a resposta à pergunta "Do que estou disposto a abrir mão?".

Muitas vezes é preciso determinar qual é o menor dos males: um salário menor ou um chefe inflexível, uma lacuna no currículo ou menos tempo com seu filho, não fazer o trabalho que você deseja ou não ter um salário fixo.

Por outro lado, pensar no outro extremo, com foco apenas no que você perderá, fará com que você se arrependa. Porque se você não estiver disposto a abrir mão de nada, também nunca conseguirá nada.

☑ DIGA ADEUS AO PASSADO

Minha professora da segunda série tinha alunos preferidos que sempre chamava na aula e com quem era mais atenciosa. Eu me sentia como uma figurante no filme de outra pessoa. Esse favoritismo deve ter sido muito óbvio para eu ter notado mesmo quando era criança.

Mais tarde, fiquei sabendo que aquela professora era conhecida por aceitar subornos. Certa vez, ela chamou minha mãe para uma reunião e, quando ela apareceu de mãos vazias, a professora a repreendeu. Acho que havia um motivo para o tratamento dela, mas naquela época eu não sabia que os adultos podiam ser maus assim. Eu só pensava: "Talvez ela não goste de mim", e essa tristeza permaneceu comigo por muito tempo.

Há muitas pessoas ruins neste mundo. Elas nos machucaram quando éramos crianças e, às vezes, as feridas não cicatrizam nem mesmo quando nos tornamos adultos. É compreensível que apontemos para essas pessoas do passado quando procuramos as origens dos nossos problemas atuais. Perdemos a confiança por causa da professora da segunda série ou não temos autoestima por causa da maneira como nossos pais nos criaram ou sofremos com um sentimento de inferioridade porque fomos vítimas de bullying.

Muito bem. Mas a razão pela qual olhamos para o passado para diagnosticar o presente não é porque queremos receber alguma compensação tardia por nossas experiências traumáticas ou porque somos rainhas do drama que querem atenção; é porque queremos romper a cadeia e seguir em frente.

Existem muitas pessoas patéticas, desajeitadas e imaturas, e é inevitável encontrá-las ao longo da vida. A verdade que descobri no meu passado é que minha professora era apenas um ser humano digno de pena, e meus pais eram apenas atrapalhados e inexperientes, e meus agressores eram imaturos. Eu só era muito jovem para ver essas verdades como elas eram.

Mas não somos mais crianças e conquistamos o direito de seguir em frente.

SE NÃO QUISER VIVER NO PASSADO, CONFORTE A PESSOA FRÁGIL QUE VOCÊ JÁ FOI E DÊ ADEUS ÀQUELES QUE ERAM IMATUROS OU NUNCA AMADURECERÃO.

Acolha o seu eu do passado.

Está tudo bem agora.

☑ DEIXE ESPAÇO PARA O ERRO

Designers costumam trabalhar com uma sobra ligeiramente maior do que o formato real da impressão para deixar espaço para possíveis erros de corte. Anos de experiência nos ensinaram a considerar margens de erro.

A vida também deve ser assim. As coisas nunca podem ser tão organizadas quanto gostaríamos que fossem. Às vezes fazemos um esforço imenso em situações que acabam não sendo importantes, e sempre haverá momentos desperdiçados por mais cuidadosos que sejamos. A vida nunca se encaixa exatamente no lugar, nem é sempre eficiente. Em vez de se castigar ou se arrepender de suas ações, é melhor deixar uma margem de erro para si mesmo, algo como orçar uma "taxa de dispersão" para os erros.

As coisas que fazemos nem sempre são as mais inteligentes e, às vezes, se perder faz parte da viagem. A vida nem sempre pode ser supereficiente. É a nossa primeira vez vivendo — precisamos de um pouco de tentativa e erro.

ACEITAR AS INEFICIÊNCIAS E OS ERROS NOS TORNARÁ MAIS GENEROSOS E MAIS LIVRES.

☑ ACEITE QUEM VOCÊ É

Certa vez, conheci uma mulher que trabalhava como orientadora vocacional para pessoas mais velhas. Algumas delas eram gênios, mas suas vidas não eram tão fáceis quanto se poderia imaginar.

Muitas não tiravam boas notas na escola porque achavam difícil a ênfase na memorização mecânica. O próprio Thomas Edison teve dificuldade em aceitar que 1 + 1 = 2. Esse é o tipo de gente que muitas vezes não consegue encontrar um emprego em que sua genialidade seja apreciada; acham os empregos "normais" insuportáveis, a ponto de precisar de antidepressivos para funcionar no trabalho.

É comum ouvirem coisas como: "Nem todo mundo consegue o trabalho que quer" ou "Todo mundo sofre, você não é o único". Esse tipo de reprimenda só traz mais culpa e autorrecriminação. Isso faz com que pensem: "Todos os outros estão indo bem, então por que a vida é tão difícil para mim?". Na verdade, nem todos passamos pelo mesmo nível de dificuldade. Há pessoas que acham difícil lidar com os outros, assim como há pessoas que acham difícil correr uma maratona. Somos diferentes.

Se achar que algo é especialmente difícil, não é porque você está fazendo algo errado ou porque é reclamão ou não está à altura — é simplesmente porque não é fácil para você. Da mesma forma que não é culpa do seu pé se o sapato de marca que você experimentou não serve bem.

Não se castigue por achar algo difícil. O que realmente dificulta é a falta de consciência de suas próprias habilidades e aptidões. Tentar entender a si mesmo e buscar ajuda não o torna fraco ou incompetente. Significa que você quer pôr fim à torturante autocrítica e culpa desnecessária e se aceitar como é.

Para fazer isso, basta entender a si mesmo e escolher um modo de vida que realmente seja adequado a você.

MESMO QUE ISSO SIGNIFIQUE SER MAL INTERPRETADO DE VEZ EM QUANDO, VOCÊ DEVE A SI MESMO ENTENDER O QUE TE TORNA QUEM VOCÊ É.

Existe um livro coreano chamado
*Eu vou te ajudar, não importa como você
viva.* Mas o apoio de que você mais precisa
é aquele que vem de você mesmo. Diga
àquela pessoa que sempre estará contigo
até o último momento da sua vida:

**Eu vou me ajudar, não importa
como eu viva.**

☑ SE INTERESSE POR SUA PRÓPRIA FELICIDADE

Certa vez, tive um "caderno da infelicidade" onde registrava meus sentimentos em momentos de desespero e relia as anotações quando me sentia melhor. Isso me ajudou a perceber como meu pensamento era irracional e extremo quando eu estava deprimida.

Mas, depois de escrever algumas vezes, aquilo só fazia com que me sentisse infeliz o tempo todo. Acabei mudando para um "caderno da felicidade", no qual eu registrava como me sentia em momentos de felicidade ou quando superava o desespero.

Esses registros se mostraram mais úteis, já que me permitiram ver como os sentimentos sombrios acabavam passando.

As pessoas dizem que querem ser felizes, mas poucas se esforçam para entender o que de fato as faz assim. A felicidade não é servida em uma bandeja de prata; às vezes, é preciso descobri-la.

Há muitas coisas que você pode aprender para melhorar sua vida, mas mais importante do que saber seu tipo de personalidade Myers-Briggs ou como armazenar diferentes temperos ou declarar seus impostos é saber o que te faz feliz, o que te ajuda a se recuperar da tristeza e o que te faz se sentir vivo — o conhecimento da própria felicidade.

SE VOCÊ QUISER SER FELIZ,

INTERESSE-SE PELO QUE TE FAZ FELIZ.

☑ AME O IMPERFEITO

 Jogador profissional Lee Sedol **VS** AlphaGo

 Relógios analógicos **VS** Relógios digitais

 Cartas escritas à mão **VS** E-mails

 Discos de vinil **VS** Mp3

∧∧∧∧∧∧∧∧∧∧∧∧∧∧∧∧∧∧∧∧∧∧∧∧∧

PODEMOS IDEALIZAR O PERFEITO, MAS AMAMOS O IMPERFEITO.

∧∧∧∧∧∧∧∧∧∧∧∧∧∧∧∧∧∧∧∧∧∧∧∧∧

☑ PERGUNTE-SE COMO VOCÊ GOSTARIA DE VIVER

Durante muito tempo, me perguntei se a vida foi feita para ser desfrutada ou se tinha como objetivo a busca por um sentido. Era difícil encontrar uma resposta definitiva.

Para começo de conversa, eu não entendia o que significava encontrar um propósito na vida. Tudo parecia muito vago, uma ideia abstrata desligada da realidade. Desisti dessa missão exaustiva e decidi, em vez disso, viver cada momento com o máximo de prazer possível. E, por um tempo, foi muito bom.

Me concentrei no que muitas pessoas consideram as coisas mais importantes de nossa trajetória, situações que se encaixam perfeitamente nas categorias principais de trabalho, relacionamentos, prazer e saúde física e mental. Me recusei a ficar ansiosa com o que ainda não tinha acontecido e encontrei algo que eu *queria* fazer e que *podia* fazer e *fiz*. Querer + poder = fazer. Me esforcei muito para resolver essa equação.

Foi divertido e gratificante ver as coisas se encaixarem. Ao longo do caminho, conheci pessoas em quem podia confiar e que estavam na mesma onda que eu; me distanciei daqueles que não eram importantes para mim ou que se mostraram desagradáveis; e prometi nunca dar atenção a ninguém que me desprezasse.

Passei algum tempo buscando prazer em minha vida. Olhei para o céu várias vezes ao dia para apreciar sua beleza. Enfrentei meus problemas e os resolvi. Me esforcei para ser saudável. Minha vida se tornou mais clara e leve à medida que eu me afastava das expectativas dos outros.

Mas, estranhamente, eu sempre me perguntava se estava vivendo da maneira certa. Não bastava me manter o mais fiel possível a mim mesma. Voltei ao início e repensei o propósito da minha existência. Seu *significado*.

O que torna a vida *significativa*? Depois de muito pensar, concluí que se trata de olhar para dentro para descobrir sua verdade e bondade internas e olhar para fora para perceber essa verdade e bondade no mundo. Como disse Aristófanes, "Precisamos dos outros para completar o que somos". Encontramos nosso significado e nossos valores no relacionamento que construímos com a sociedade e com quem está ao redor.

Isso não significa, é claro, que devemos sacrificar toda a nossa vida a serviço dos outros. Significa que devemos fazer o possível para entender nossos valores fundamentais e buscar incorporá-los no contexto da sociedade, criando nosso próprio lugar nela.

No meu caso, eu queria que o mundo fosse um pouco melhor do que era. Buscava uma realidade em que a pobreza não necessariamente levasse as pessoas ao desespero. Tinha a esperança de tornar o mundo um pouco mais gentil. A razão pela qual eu oferecia algo para beber aos entregadores quando eles chegavam à minha porta era porque, por menor que fosse esse gesto, eu queria um mundo onde ainda pudéssemos falar em generosidade. Fiz doações para causas que envolvessem crianças e me esforcei para não prejudicar os outros, e procuro, com este livro, exercer pelo menos um pequeno impacto na vida das pessoas.

As pessoas — inclusive eu — continuarão a se perguntar como viver. Por enquanto, minha resposta é viver uma vida boa. Não complicar demais as coisas além disso. Trabalhar duro e comunicar-se bem com os entes queridos, comer bem, ouvir boa música, ler bons livros e tomar sol em um dia agradável. O calor desses dias talvez seja tudo o que uma boa vida representa.

E, se possível, dê um passo em direção a uma vida com propósito. Descubra os valores que são mais fundamentais para você e se esforce para se tornar uma versão melhor de si mesmo. Podemos ser nada mais do que poeira neste vasto cosmos, mas ainda somos capazes de superar a falta de sentido e preservar nossa dignidade.

NÃO IMPORTA O QUE A SOCIEDADE CHAME DE SUCESSO, QUERO SENTIR ORGULHO DA MINHA VIDA.

A verdadeira autodescoberta não é tentar se transformar em algo especial, mas perceber que você já era especial.

☑ VIVA COMO UM ADULTO

Quando eu era pequena, minha mãe parecia ser a pessoa mais forte do mundo. Mas, pensando agora, ela era apenas uma mulher de trinta e poucos anos. O mundo deve ter sido difícil e assustador para ela, mas ela precisou agir como uma adulta para o bem das pessoas ao seu redor.

Agora sou adulta e ninguém me elogia por fazer todas as coisas pelas quais eu costumava ser elogiada quando criança, como comer tudo e dormir bem. Não posso reclamar com meus pais por não receber uma mesada, senão eles vão me chamar de maluca. Não é confortável pensar que tenho de ser adulta quando ainda quero ser protegida como uma criança, mas nesta idade não posso simplesmente vestir uma meia-calça verde e dizer que sou o Peter Pan.

Portanto, você precisa agir como um adulto, mesmo que seja a coisa mais entediante de todos os tempos, apenas para continuar pondo comida na mesa. E se você continuar fingindo que é um adulto, como nossos pais insistiram em fazer, talvez consiga se tornar um.

POSFÁCIO

Como adulta, percebi que o mundo é um lugar frio e cruel. Seus costumes são completamente absurdos e as pessoas julgam tanto que até mesmo os medíocres gostam de menosprezar os outros. Durante muito tempo, senti uma ansiedade constante por não ter uma rede de apoio forte e, por isso, ignorei meus verdadeiros desejos para ganhar a vida.

Mas, por fim, percebi que não queria me tornar mais uma sombra cínica que se esgueirava por este mundo cruel.

Então, pensei em como deveria viver minha vida e me fiz algumas perguntas. Do que eu *realmente* precisava sentir vergonha e quando isso não fazia o menor sentido? Quais eram minhas inseguranças mais profundas? O que de bom poderia vir de humilhação e discriminação? E por que tantas pessoas eram tão infelizes?

Em minha busca por respostas, percebi que a infelicidade e a ansiedade podem vir dos relacionamentos sociais, não apenas de desequilíbrios neuroquímicos. Além da ansiedade relacionada à sobrevivência, a desconfiança, o ódio e o senso de rivalidade que sentimos em relação aos outros infectaram o próprio ar que respiramos e nos fizeram sentir vergonha de coisas das quais não deveríamos nos envergonhar, intimidados por coisas pelas quais não deveríamos nos intimidar e neuroticamente competitivos para não sermos desprezados.

Nesse estado de tensão constante, nos esgotamos ao culpar a nós mesmos por coisas sobre as quais não tivemos a chance de refletir. Com este livro, gostaria dizer que toda a ansiedade e culpa são desnecessárias. Busquei dar apoio àqueles que estão presos no isolamento solitário da desconfiança, para sinalizar que ainda existem pessoas que anseiam por uma vida mais humana.

Em nosso mundo cínico, precisamos aprender a prestar mais atenção em nós mesmos e naqueles que nos são caros. Mas também devemos lutar contra a injustiça e a crueldade se quisermos manter nossa humanidade e, para nosso próprio bem e o dos outros, fazer nossa parte para construir um mundo melhor.

Para cada um de vocês, enquanto aprendem a não invejar quem não são, a suportar o olhar frio do mundo exterior e a viver como realmente são: espero que este livro tenha feito com que se sintam um pouco mais livres para serem vocês mesmos.

Desejo boa sorte a todos nós.

AGRADECIMENTOS

Minha intenção inicial era escrever um livro de psicologia social fácil de ler. Como eu mesma considerava esse tipo de livro imensamente consolador e esclarecedor, pensei que outras pessoas também poderiam achá-los úteis.

É claro que eu estava um pouco perdida quando comecei. Havia dias em que tudo o que eu fazia era arrancar os cabelos e, às vezes, saía para caminhadas na colina atrás da minha casa e gritava até não aguentar mais.

Havia muitas outras coisas que eu achava difíceis na época e, por isso, quero agradecer a mim mesma de 2016 por tê-las superado e conseguido escrever este livro. Também gostaria de assegurar a ela que seus talentos bastam para que ela não arruíne completamente sua vida, e, portanto, ela deve parar de se preocupar com isso.

Para mim, este livro é um manifesto e uma promessa pessoal. Sinto que consegui viver de acordo com ele e que internalizei a maioria de seus princípios. E tenho o prazer de informar que hoje estou psicologicamente mais saudável.

É minha modesta porém sincera esperança continuar a oferecer conselhos a partir de um lugar de felicidade, não como uma escritora miserável dizendo aos outros como se tornar feliz ou perpetuando uma "cura" que acaba fazendo mais mal do que bem. Gostaria de agradecer aos escritores cujo trabalho se tornou a semente do meu próprio. Também gostaria de agradecer à minha família, aos meus amigos e aos meus editores por me ajudarem a compartilhar este trabalho com outras pessoas.

Acima de tudo, obrigada a todos que leram meu livro, especialmente àqueles que estão lendo até mesmo estes agradecimentos. Buscarei viver como eu mesma o máximo possível. Essa parece ser a melhor maneira de retribuir aos meus leitores todo o amor e apoio que me deram.

Não importa onde você esteja e que tipo de vida leve, eu lhe envio amor e aceitação. Obrigada por receber meu trabalho em suas mãos.

Escrevi este livro para você. Vamos viver como nós mesmos. Nos vemos em breve.

Sua amiga,

Kim Suhyun

TIPOGRAFIA Brandon Grotesque e Mikan
DIAGRAMAÇÃO Osmane Garcia Filho
PAPEL Pólen Natural, Suzano S.A.
IMPRESSÃO Gráfica Santa Marta, junho de 2025

A marca FSC® é a garantia de que a madeira utilizada na fabricação do papel deste livro provém de florestas que foram gerenciadas de maneira ambientalmente correta, socialmente justa e economicamente viável, além de outras fontes de origem controlada.